NANATSUNO HOSKUGA WAKRU

Copyright ⓒ 2000 by Hiroshi Egawa

All rights reserved

Originally published in Japan by Publisher BUSINESSSHA Co.Ltd,Tokyo

Korean translation copyright ⓒ 2001 by DongHae Publishing Co.

Korean edition is published by arrangement with UNION Agency,Seoul.

이 책의 한국어판 저작권은 UNION Agency를 통한

저자와의 독점 계약으로 도서출판 동해에 있습니다.

신저작권법에 의하여 한국내에서 보호를 받는 저작물이므로

무단전재와 무단복제를 금합니다.

성공하려면
**언어**의 **마술사**가
돼라!

성공하려면
**언어**의 **마술사**가
돼라!

글 에가와 히로시 | 옮긴이 홍영의

동해출판

:: **작가의 말**

 '혀를 잘못 놀리기 보다 발을 헛딛는 것이 낫다' 라는 옛말이 있다.

 '일본은 천황을 중심으로 한 신의 나라다' 라는 신의 나라 발언과, '선거 때 집에서 자고 있는 사람은 투표를 하지 않아도 된다' 라는 문제의 발언으로 의석을 38석이나 빼앗긴 M수상. '그것은 국민의 오해다' 라고 변명했으나 오해 받을 발언을 한 그 자체가 문제였다. 결국 국민으로부터 감정을 사고 경멸 당한 후부터는 틀에 박힌 표현과 미리 준비한 문장만 읽으라는 사태에 이르렀다. 한 나라를 대표하는 수상으로서 수치스러운 일이 아닐수 없다.

 잘못 쓴 것은 지우개나 수정액으로 지울 수 있지만 입에서 흘러 나온 말은 지우개가 소용없다. 이 수상은 경솔하게 말하는 것이 난점인데, 필요한 말을 말하지 않은 것 또한 곤란하다.

 내가 존경하는 하세가와 케이타로 선생에게 들은 이야

기지만, 니치긴(일본 은행)의 하야미 총재는 제로 금리 해제에 대해서 이것은 언제까지나 계속될 수는 없으므로 반드시 수정해야 한다고 했다.

그 당시 금리를 인상시키면서 정부나 재계에서 반대하여 큰 마찰을 일으키고 말았다. 왜냐하면 하야미 니치긴 총재는 말이 서투르고 의사 소통 부족으로 사전에 관계자에게 충분한 설명이나 설득을 하지 않았기 때문이다. 물론 매스컴을 통해서 국민에게도 일체 이해를 구하지 않았고 하려는 성의도 없었다.

미국에서는 얼마 전에 퇴임한 미연방 준비제도(FRB)의 그린스펀 의장이 그간 여러번에 걸쳐 금리 인상을 단행했지만 그다지 마찰은 없었다. 그린스펀 의장은 주 2회 매스컴 관계자와 정부, 재계 인사와 만나 밀접한 커뮤니케이션을 하고 있었기 때문이다. 바로 이것이 미국인과 일본인의 큰 차이점이며, 커뮤니케이션 능력의 차이다. 미국인은 커뮤니케이션의 힘을 크게 보지만 일본인은 가볍게 보기 때문이다.

　재계인만 하더라도 마찬가지다. 사회적으로 큰 사건을 일으킨 식품 회사의 사장이 '나는 밤에도 자지 않는다'라고 말하여 모든 사람에게 따돌림을 받았다. '자지 않는 것은 당신뿐만 아니다. 피해자나 그 가족들도 매일 자지 못한다'라는 말을 듣고 그는 입을 다물어버렸다. 이 얼마나 서투른 표현인가.

　이 사건으로 공장 문을 닫았지만 다시 재개 허락을 받았다. 그런데 이번에는 탈지 분유에 독극물이 발견되었다. 그래서 이 회사는 두 번에 걸쳐 조업정지 처분을 받고 말았다. 이것도 사장이 공장 전체를 직접 돌며 자신의 눈으로 실태를 파악하고 부하 직원으로부터 충분한 정보를 듣고 확실한 지시를 내리지 못했기 때문이며, 커뮤니케이션의 흐름이 막혀 있었기 때문이다. 이런 사건이 생길수록 회사는 향후 사활의 문제가 걸리게 된다.

21세기는 '마음'과 '커뮤니케이션'의 시대라고 나는 생각한다. 경영자는 '회사라는 것은 사회의 이익을 도모하고 사회 발전에 공헌하는 것을 으뜸으로 한다'라는 경영 이념을 분명히 가지고 그것을 자신의 말로 손님이나 사원에게 직접 이야기하여 납득시켜야 한다.

소니의 회장이었던 故 모리타 아키오 씨는 '비즈니스를 행하는 데 있어서 가장 중요한 것은 상대를 납득시키는 힘을 갖는 것이며, 그 중 가장 기본적이고 가장 중요한 것은 말(言)이며, 그것을 잘 사용하는 것이다.'라고 말했다. 정확한 말이라고 생각한다. 그런데 일본의 경영자는 '말'이나 '커뮤니케이션'을 경시하고 그것을 연마할 공부를 하지 않는다. 이것은 큰 잘못이며, 인식 부족이라고 말하지 않을 수 없다.

다시 한번 말하지만 미국에서는 경영자를 비롯하여 모

든 비즈니스맨들에게 있어서 표현의 능력을 가장 중요시한다. 그런데 일본인은 그런 공부를 하지 않기 때문에 비즈니스 경쟁이나 소송에서 거의 지고 많은 배상금을 빼앗기고 있다. 또 경영자 정도 되면 여러 가지 회합에 나가게 될 것이다. 그런 때 '스피치가 멋지다' 라고 감동할 만한 이야기를 당신은 몇 번이나 들었는가? 대부분의 사람들은 시간 떼우기에 급급한 이야기다, 라고 말한다.

당신은 어떤가. 사람의 마음에 감동을 주고 납득시키는 이야기를 하고 있는가? 공식 석상에서의 인사든 사원에 대한 의견 표명이든 비서에게 원고를 맡기고 듣는 사람의 얼굴도 보지 않고 아래를 향해 원고를 읽고 있는 사장은 경영자로서 실격이라고 말하지 않을 수 없다. 스피치란 자신의 신념을 자신의 말로 불꽃이 튀는 것과 같은 열의로써 이야기하는 것이다.

일반 비즈니스맨도 마찬가지다. 커뮤니케이션 능력은

비즈니스맨의 최대의 무기다. 그것을 연마하는 사람과 연마하지 않는 사람 간에는 큰 차이가 생긴다. 자기 표현력이 없기 때문에 자신의 실력을 인정받지 못하고 끝내는 구조조정의 대상이 되고 마는 슬픈 결과를 초래한다. 재취직의 서류시험을 통과하고도 면접에서는 탈락하고 만다. 그는 그 원인이 커뮤니케이션 능력의 부족에 있다는 것을 깨닫지 못한다.

인간은 말 없이는 살아갈 수 없다. 일도 할 수 없다. 이것을 빨리 깨닫고 자신을 위해 좀더 진지하게 커뮤니케이션 능력을 연마하기 바란다. 당신의 일생이 걸린 문제다. 커뮤니케이션 파워를 향상시키기 위한 여러분의 노력에 이 책이 도움이 되기를 바라는 마음 간절하다.

— 에가와 히로시

:: **차례**

## 1 풍부함과 기쁨을 잡는 7가지 철칙

1. 남에게 기쁨을 준다 · 22
   ── 얻으려고 한다면 우선 주어라
2. 작지만 자상한 배려 · 28
   ── 남을 위해 전력을 다하여 기쁨을 주는 것은 얼마나 훌륭한 일인가
3. 칭찬하는 말을 한다 · 32
   ── 남에게 기쁨을 주는 아주 사소한 한마디가 인간관계를 좋게 하는 것이다
4. 배려하는 마음을 갖는다 · 37
   ── 배려하는 마음, 인간에 대해 큰 사랑을 갖는 것
5. 하는 보람과 사는 보람을 발견한다 · 42
   ── 마음의 움직임을 읽고, 어떻게 하면 상대가 만족할 것인가를 생각하라
6. 항상 감사하고, 감사하고, 또 감사한다 · 47
   ── '감사합니다'라는 말을 많이 사용하면 병도 낫는다
7. 정성을 다해서 일을 한다 · 51
   ── 사람을 움직이는 것은 뭐니뭐니 해도 사랑하는 마음이다

## 2 인간관계가 좋아지는 7가지 포인트

1. 적극적으로 인사를 한다 · 58

―― 인사라는 것은 인간관계를 구축해 나가는 데 있어서 가장 기본이다

2. 우선 자신을 바꿔 본다 · 59

―― 용기를 내서 자신부터 변화해야 한다

3. 자상한 말을 건다 · 70

―― 주위 사람들에게 자상한 말을 걸고 있는가?

4. 계기는 자신이 만든다 · 76

―― 적극적으로 몸소 만들어 나가는 것이다

5. 인사를 잘 해야 한다 · 81

―― 자신 쪽에서 먼저 인사를 한다

6. 감사하는 마음을 나타낸다 · 85

―― 마음을 실어 감사하는 마음을 표현하라

7. 말 잘 하는 사람보다 상대에게 말하게 하는 사람이 돼라 · 90

―― 이야기를 잘 들어 주는 사람에 대해 사람들은 반드시 호의를 갖게 마련이다

## 3  플러스 적극형 인간이 되는 7가지 포인트

1. 맨 앞줄에 앉는다 · 98

―― 소극적 행동을 취하고 있으면 삶이 풍부하게 될 리가 없다

2. 좋은 마음의 습관을 기른다 · 103

―― 무슨 일에 대해서도 밝고 좋은 사고 방식을 갖는 플러스 적극형 인간이 되는 것

3. 꾸짖어 준 사람에게 감사하라 · 108

—— 자신의 잘못된 점을 깨닫게 해주고 가르쳐 주는 것

4. 실패를 계기로 하고자 하는 의욕을 갖는다 · 112

—— 다른 각도에서 일을 생각해 보는 것도 필요하다

5. 어떻게 하면 할 수 있는가를 생각한다 · 115

—— 인간이라는 것은 할 수 없는 이유를 찾아 곧 체념해 버리곤 한다

6. 곤란은 필요한 것이라고 생각한다 · 119

—— 병이나 고난은 하늘에서의 편지라고 생각하라

7. 타인 긍정, 자기 긍정을 한다 · 122

—— 잠재의식 속에 들어간 것은 반드시 현실의 자리에 나타난다

## 비즈니스로 성공하는 7가지 조건

1. 자신의 사명을 인식한다 · 128

—— 직원은 이익을 가져올 의무가 있다는 것을 잊어서는 안 된다

2. 표현 능력을 연마한다 · 134

—— 이야기하는 힘은 최대의 무기다

3. 시간과 약속은 죽을 각오로 지킨다 · 139

—— 큰 일을 이루는 자는 작은 일에도 소홀히 하지 않는 법이다

4. 샐러리맨 근성을 버린다 · 143

—— 지시 받기 전에 지시 받은 것 이상의 일을 해야 한다

5. 복창은 필수조건 · 148

—— 비즈니스의 기본은 어디까지나 정확성이다

6. 보고를 잘 하는 사람이 인정받는다 · 153
—— 보고를 잘 하는 방법은 '결과를 먼저, 경과는 나중'

7. 커뮤니케이션의 포인트 · 158
—— 인사는 커뮤니케이션의 시작이다

## 5 남 앞에서 긴장하지 않는 7가지 요령

1. 긴장하는 원인을 파악하라 · 164
—— 스피치를 하는 경우 '긴장하는 버릇'이 제일 난적이다

2. 긴장하는 것이 당연하고, 긴장하지 않는 것이 이상하다 · 170
—— 말하는 것이 직업인 프로라도 긴장하는 일은 있다

3. 몸을 움직이면 여유가 생긴다 · 173
—— 이성을 작용시켜서 하나의 행위를 사이에 끼워본다

4. 듣는 사람은 자신의 편이라 생각한다 · 177
—— 공포의 감정을 가질 이유는 하나도 없다

5. 열등감을 버려라 · 182
—— 열등감과 우월감은 종이 한 장 차이

6. 철저하게 준비한다 · 186
—— 이야기하고 싶다는 마음이 강해진다

7. 끊임없이 경험을 쌓는다 · 189
—— 이론을 배우고 연습을 거듭하면 반드시 향상된다

## 6 스피치를 정리하는 7가지 요소

1. 주제를 확실히 파악한다 · 194
   ── 무엇을 말하고 싶은지 먼저 스스로 이해해야 한다
2. 주제에서 시작한다 · 199
   ── 이야기의 방향을 먼저 알리는 것이다
3. 사실, 사례로 뒷받침한다 · 203
   ── 감동 포인트를 찾아내서 거기서 자신이 말하고 싶은 주제를 이끌어낸다
4. 샌드위치법으로 마무리 짓는다 · 207
   ── 처음과 끝에 주제를 말하고 중간에 화제를 넣는다
5. 구어(보통 쓰는 말)를 사용한다 · 212
   ── 뒷받침하는 화제가 되는 것을 종이에 메모하여 머릿속을 정리해 두자
6. 요점을 열거한 줄거리를 만든다 · 215
   ── 종이 한 장 정도 크기에 줄거리를 써 둔다
7. 아무튼 연습한다 · 221
   ── 처음부터 끝까지 회화 형태로 이야기해 본다

## 7 이야기의 생명, 화제를 모으는 7가지 방법

1. 화제를 발견한다 · 226
   ── '재료야말로 이야기의 생명'
2. 체험 속에서 재료를 발견한다 · 229
   ── 구체적으로 이야기하면 알기 쉬운 스피치를 할 수 있다

3. 메모된 것에서 화제를 얻는다 · 234

　── 칼이 없으면 적당히 찢어서라도 보관해 두도록 하자

4. 남의 이야기 속에서 재료를 발견한다 · 241

　── 남의 이야기 속에서도 재료는 얼마든지 모을 수 있다

5. 화제를 모으려는 의욕을 갖는다 · 246

　── 원하고 있지 않을 때는 아무것도 깨닫지 못한다

6. 허공에서 재료를 포착한다 · 249

　── '밀어서 안 되면 당겨보라'

7. 자기 나름의 의견을 갖는다 · 252

　── 인간은 지적이 아닌 호기심, 요컨대 속물 근성이라는 것이 왕성하다

## 마음을 전하는 스피치 7가지 기술

1. 니드(수요) 화법으로 이야기한다 · 258

　── 듣는 사람은 자신과 이해 관계가 있는 이야기를 열심히 듣는다

2. 입을 열자마자 놀라게 한다 · 262

　── 역전 홈런이야말로 기쁨도, 감격도 강렬한 것이다

3. '당신', '당신'으로 전개한다 · 268

　── '내가', '내가' 하고 자신의 이야기밖에 하지 않는 사람은 호감을 사지 못한다

4. 비유를 잘 하는 사람이 돼라 · 273

　── 스피치를 잘 하는 사람의 이야기를 들으면 '비유'를 잘 사용하고 있다

5. 개별성이 강한 말을 사용한다 · 278

　── 이야기를 구체적으로 하거나 알기 쉽게 하는 데 효과적이다

6. 불완전 예고법을 사용한다 · 283

—— 호기심을 자극하여 질문하고 듣는 사람에게 생각하게 한다

7. 기승전결법을 사용한다 · 286

—— 맨 마지막에 자신이 제일 말하고 싶은 것을 말하게 되는 것이다

맺음말 · 291

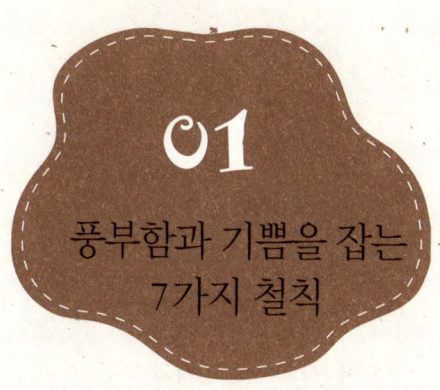

# 01
## 풍부함과 기쁨을 잡는 7가지 철칙

1. 남에게 기쁨을 준다

2. 작지만 자상한 배려

3. 칭찬하는 말을 한다

4. 배려하는 마음을 갖는다

5. 하는 보람과 사는 보람을 발견한다

6. 항상 감사하고, 감사하고, 또 감사한다

7. 정성을 다해서 일을 한다

# 1 남에게 기쁨을 준다
— 얻으려고 한다면 우선 주어라

::인도에 신의 화신이라고 하는 사이바바가 있다. 이 사이바바에게는 세계 각국에서 5, 6천명이나 되는 사람이 매일 아침 축복을 받기 위해 모여든다. 또한 사이바바 덕택에 불치의 병이 나았거나 사업에 성공한 사람들이 감사하기 위해 많은 돈을 기부하고 싶다고 자청해 온다. 그러나 사바이바바는 이렇게 말하고 있다.

"내게 오는 사람은 돈도 물건도 아무것도 가지고 올 필요가 없다. 그런 것을 가지고 와도 나는 조금도 기쁘지 않다. 만약 가지고 오려면 당신의 괴로움, 고민, 슬픔을 가지고 오라. 그것들은 여기에 두고 가라. 그리고 돌아갈 때는 기쁨과 행복만을 가지고 돌아가면 된다."

수업을 받기 위해서는 몇 백만 엔이라는 돈을 가지고 오라고 하는 일본의 사이비 종교들과 얼마나 다른가.

사이바바는 또 이렇게 말하고 있다.

"지금 세계 각국에서 많은 사람이 괴로움에 신음하고 있다. 그것은 신의 마음을 거역하여 자신밖에 생각하지 않는 생활로 타락해 버렸기 때문이다.

인간은 자신이 취할 것, 얻을 것밖에 생각하고 있지 않다. 그런데 이것은 잘못이다. 자연계를 보라. 오렌지는 무엇 때문에 그렇게 많은 열매를 맺는가? 자신이 먹기 위해서가 아니다. 자신 이외의 것에 기쁨을 주기 위해서다. 소는 왜 다량의 젖을 나오게 하는가? 이것도 자신이 마시기 위해서가 아니다. 다른 것에게 영양을 주기 위해서다.

자연은 생명들을 위해 정성을 다하고 남에게 주는 것을 가르치고 있는데, 인간만이 조물주의 뜻에 반하여 자신밖에 생각지 않는다. 때문에 불행이나 재난이 찾아오는 것이다."

마땅히 경청해야 될 말이 아니겠는가?

당신이 매일 먹고 있는 '쌀'만 해도 그렇다. 많은 쌀을 수확하려면 어떻게 해야 하는가? 볍씨를 뿌리고 물을 준다. 쑥쑥 자라 주기를 바라며 비료도 주고, 병충해를 입지 않기 위해 약간의 농약도 친다. 자식을 키우는 심정으로 정성을 다하기 때문에 벼는 누렇게 익어서 자신의 품으로 돌아오는 것이다.

그런데 씨만 뿌리고 물과 비료도 주지 않고, 약도 치지 않고서 많은 쌀을 수확할 수 있으리라 생각하는가. 그냥 두면 전부 말라 시들어져 버릴 것이다. 결국 세상은 뿌린 대로 거두는 것이다.

주변의 생활을 보아도 마찬가지이다.

예를 들어보자. 직장에서 한 동료가 짐을 운반하려는데 너무 무거워 혼자서는 도저히 움직일 수 없었다. 때마침 당신이 지나가게 되었다. 그리고 무슨 일이냐, 하고 물었다.

"짐이 무거워서 움직일 수가 없어."

"그래, 그럼 내가 도와줄게."

도움 받은 동료는 틀림없이 당신에게 이렇게 말할 것이다.

"고마워, 덕분에 편히 운반할 수 있었어......."

그날 저녁, 당신이 하루의 매상을 계산하고 있는데 계산이 서툴러서 좀처럼 맞지 않았다. 그때 낮에 도와 준 그 동료가 찾아왔다.

"뭘 하고 있어?"

하고 그 동료가 다정스럽게 물어왔다.

"오늘 매상을 계산하고 있는데 어찌 된 일인지 맞지가

않아, 아무래도 나는 계산에 약한가 봐."

"그래, 나는 힘은 없지만 계산은 제법 하니까 거들어 줄 게."

하고 재빨리 계산해서 숫자를 맞추어 주었다.

이것은 낮에 당신이 어려움에 처해 있는 사람을 도와 주었기 때문에 자신이 곤란한 입장에 있을 때 도움을 받을 수 있었던 것이다. 남에게 기쁨을 주기 때문에 자신에게 기쁨이 주어지는 것이다.

영업 실적을 올리려고 필사적으로 노력하고 있는 영업 사원이 많이 있다. 그러나 유감스럽게도 자신의 이익만 생각하는 이익 추구형의 사람이 대단히 많다. 이래서야 매상이 오를 리 없다. 영업 사원은 어떻게 손님의 이익을 도모하는 데 도움이 될 것인가를 오로지 생각하는 가치 제안형의 세일즈를 기억해야 할 것이다.

'쇼와(昭和:1926~1988)의 괴물, 경영의 귀신'이라고 일컬어 졌던 마츠시타 코노스케(松下幸之助)는 '장사 30개조'의 제1조에서 이렇게 말하고 있다.

"장사라는 것은 세상을 위해, 남을 위해 봉사하는 것이며, 보수라는 것은 그 결과로 얻게 되는 것이다."

이 정신이 있었기 때문에 마츠시타는 경이적인 성장을 이룩했다.

그런데 경영자의 대부분은 우선 자신의, 회사의 이익을 먼저 생각한다. 세상의 해, 남에게 해가 되어도 자사의 이익을 우선한다. 이런 회사는 예외 없이 쓰러져 버린다. 칫소가 그렇고, 녹십자도 그렇다. 이것은 역사 속에서 많이 증명되어 왔다.

자신이 무엇인가를 얻고 싶거나 행복하게 되고 싶다면, 남에게서 빼앗을 것만을 생각하고 있어서는 안 된다. 우선 먼저 남에게 줄 것을 생각해야 한다.

'얻으려고 한다면 우선 주어라.'

이 관념으로 전환할 수 있는 사람만이 성공과 행복을 잡을 수 있다. 당신은 자신이 회사에 얼마나 이익을 가져다 주었는가를 생각한 적이 있는가? 만약 당신이 많은 이익을 회사에게 주었다면 잠자코 있어도 많은 보수를 얻게 될 것이다. 그러나 이익을 주지 못하고 얻을 것만을 요구하고 있다면 그런 요구는 받아 들여질 리 없다.

결국 당신이 얻게 되는 것은 당신이 남에게 얼마나 주었는가에 비례하는 것이다.

말(言)도 마찬가지이다.

기분 좋게 열심히 일하고 있는 사람에게 기쁨을 주는 말을 얼마나 하고 있는가? 남을 불쾌하게 하고, 화나게 하고, 슬프게 하는 말을 사용하고 있지는 않은가?

주는 것이 얻는 것. 이 생각을 철저히 몸에 배게 하는 것이 자신의 생활을 풍부하게 하는 것임을 잊어서는 안 된다.

## 2. 작지만 자상한 배려
― 남을 위해 전력을 다하여 기쁨을 주는 것은 얼마나 훌륭한 일인가

::  도쿄 주식시장의 제1부에 상장되어 있는 회사의 N사장(일본 말 표현법 센터의 졸업자)이 결혼식에 참석하기 위해 도쿄의 C호텔로 발길을 옮겼을 때의 일이다.

계절은 겨울, 사장이 코트를 벗어 데스크에 맡겼을 때 그 데스크에서 일하고 있던 한 여성이 사장에게 말을 했다.

"손님, 좀 주제넘은 말씀 같지만, 양복의 단추가 떨어져 있으십니다."

그 말을 듣고 보니 분명히 양복 단추 하나가 떨어져 있었다.

"아, 정말 그렇군. 이거 결혼식에 참석해야 하는데 난처하게 됐는걸."

하고 중얼거리듯이 말하자 그 여성이 곧 말했다.

"손님, 괜찮으시다면 제가 달아 드릴까요?"

"그래 주면 고맙겠소. 그럼 부탁합시다."

하고 사장이 말했다.

"알겠습니다. 그럼 죄송하지만 잠깐 이리로 들어오시겠습니까?"

그 여성은 사람들이 보이지 않는 곳으로 안내하여 같은 색의 단추를 찾아 정중하게 달아 주었다. 그때 그 여성의 표정과 말투, 태도가 실로 밝고 인상이 좋았다. 사장은 이 행위에 대단히 기뻐했다.

자신 쪽에서 먼저 깨닫고, "단추가 떨어졌는데 좀 달아 주시겠습니까?" 하고 부탁해도 그런 한가한 짓은 할 수 없다는 표정으로, "단추가 없어요." 하고 냉정하게 거절하여 불쾌했던 적도 있었다.

그러나 이 여성은 달랐다. N사장은 얼마나 마음 상냥하고 친절한 사람인가 하고 생각하며 대단히 마음에 들어 했다.

그리고 당시 전무였던 외아들과의 결혼 이야기가 오가고, 추진되어 그 여성은 N사장의 며느리가 되었다. N사장의 집은 덴엔초후(田園調布)에 몇 백 평이나 되는 부지에 지어진 호화 저택인데, 자산도 아마 백 억엔이나 2백 억엔은 될 것이다. 아들 K씨도 명문 대학 출신의 잘생긴 청년이다. 지금 그녀는 세 아이의 어머니로 대단히 유복한 생활을 하고 있다.

호텔에서 근무하고 있던 한 여성이 어떻게 이런 행운을 잡았을까? 그것은 한 사람의 손님에게 성의를 다하여 기쁨을 주었기 때문이다.

또 한 가지, 이 이야기는 배려의 힘이 얼마나 큰 가를 보여주는 깜짝 놀랄 만한 사례이다.

미국의 네바다 주의 사막을 한 노인이 뚜벅뚜벅 걷고 있었다. 거기에 주유소를 경영하고 있는 다마라는 남자가 지프를 몰고 왔다. 당신이 다마 씨의 입장이었다면 어떻게 하겠는가? 대부분의 사람이 그런 노인은 거들떠보지도 않고 옆을 지나가 버릴 것이다. 그런데 다마 씨는 노인 옆에 차를 세우고는 어디까지 가는가를 물었다. 노인은 라스베가스까지 간다고 말했다. 다마 씨는,

"라스베가스까지 걸어간다는 것은 쉬운 일이 아니죠. 근처까지 태워다 드릴 테니 올라타십시오."

하고 말하고는 노인을 차에 태워 주었다.

라스베가스에 도착하자 노인을 내려 주고, 버스를 탈 때도 돈이 없으면 어떡하나 싶어 25센트를 주었다.

"내가 차 태워 주신 보답을 해야 하는데 이렇게 돈까지 주시니, 정말 감사합니다. 감사드립니다."

하고 이 노인은 어디론가 가버렸다.

훗날 이 노인이 죽으며 유언장을 남겼다. 유언장에는 이때 일의 기록과 함께 '전 재산의 16분의 1을 다마 씨에게 주기 바란다'라고 씌어 있었다.

이 노인의 이름은 하워드 휴즈. 당시의 대부호로, 16분의 1의 재산은 일본 돈으로 환산하면 5억 엔이라는 대금이었다. 그것은 생판 모르는 사람에게 자상한 마음과 기쁨을 준 것이 훗날 깜짝 놀랄 형태로 자신에게 돌아온 것이다.

남을 위해 전력을 다하여 기쁨을 주는 것이 얼마나 훌륭한 일인가를 알게 되었으리라 믿는다. 당신도 오로지 남에게 도움이 될 것을 생각하고 남에게 기쁨을 주는 말을 사용하면 놀라운 행운이 찾아올지도 모른다.

# 칭찬하는 말을 한다
— 남에게 기쁨을 주는 아주 사소한 한마디가
  인간관계를 좋게 하는 것이다

::대우주의 조물주는 지구라는 초록색의 아름다운 별에 인간을 창조했다. 신은 인간이 밝고, 즐겁고, 상쾌한 마음으로 생활할 수 있도록 다른 생물에게는 없는 지혜와 말을 주었다. 그런데 인간은 신의 뜻에 반하여 이 지혜를 야욕의 실현을 위해 구사했다.

과학은 인간의 행복을 약속하기는커녕 원자폭탄, 핵폭탄이라는 것을 만들어서 지구를 파괴하기 시작했다. 나무는 쓰러지고 산은 깎여서 자연계의 균형은 흐트러지고 지구는 아스팔트의 정글로 변해버렸다. 이 자연 파괴, 신에 대한 도전은 도대체 우리들에게 무엇을 초래한 것일까.

그것은 폭풍우, 화산의 분화, 홍수, 이상 건조, 사막화, 산불, 맹렬한 회오리, 지구 온난화 현상, 엘니뇨 현상, 생태

계의 변화, 세계 규모의 지진 등 여러 가지 재해를 야기시키고 있다.

일본의 기상 상황 하나를 보더라도 이상 현상이라고밖에 말할 수 없지 않은가. 더워지거나, 추워지거나, 도대체 기후가 정상적이지 않다. 4월인데도 도쿄에 엄지손가락 크기의 우박이, 5월말에는 치바(千葉)와 이바라기(茨城)에 탁구공 만한 크기의 우박이 내렸고, 8월에는 태풍을 연상케 하는 강한 비바람이 몇 번이나 엄습했던 적도 있었다.

기억이 생생한 1999년 8월 13일, 그날은 우산도 날려 버릴 것 같은 강한 토사를 동반한 비바람이 불었다. 집에서 역으로 향하는 도중의 철길 건널목에 접어들었을 때 경보기가 울리면서 차단기가 내려졌다. 내가 멈추어 서자 바로 옆에 당시 한창 유행하고 있는 장발의 갈색머리를 한 젊은이가 오토바이를 세웠다. 보아하니 신문 배달하는 젊은이로 헬멧을 쓴 머리에서 몸까지 흠뻑 젖어 있었다. 이런 경우 당신이라면 어떻게 하겠는가. 대부분의 사람이 무시할 것임에 틀림없고, 아무 말도 않는 것이 보통이다.

그러나 나는 이렇게 말했다.

"이런 빗속에 신문 배달을 하다니, 정말 힘들겠군. 수고하네."

이 말을 듣고 젊은이는 순간 놀란 얼굴로 나를 응시하다가 다음에는 생긋이 웃으면서,

"일이니까 아무렇지 않습니다." 하고 말했다.

"일이라고는 하지만 비가 이렇게 오니, 정말 힘들겠네. 사고가 나지 않도록 조심하게."

하고 말하자 이 말이 상당히 기뻤던 모양이다.

"아저씨, 신문 가져가십시오."

하고 신문 2부를 내게 주었다.

인간은 남에게 인정받고 싶다, 사회적 승인을 얻고 싶다고 하는 욕구가 대단히 강하다. 때문에 남에게 무시당하는 것만큼 괴롭고 슬픈 일은 없는 것이다. 세상 사람들은 장발한 갈색머리라는 외모를 보고 판단하여 그 인품에 대해서는 우선 제대로 보지 않고, 별로 관계를 갖고 싶지 않기 때문에 그들의 존재를 무시한다. 그들로서는 그런 취급을 당하면 당할수록 이번에는 자신의 존재를 주장하고 싶어서 이상한 행동을 취한다. 이런 감정을 갖는 것은 꼭 특별한 인간에 한한 것은 아니다.

왜 여성은 반지나 귀걸이, 목걸이와 같은 액세서리를 몸에 지니는가. 그것은 남에게 보다 잘 보이고 싶기 때문이다. 그리고 칭찬의 말을 듣고 싶은 것이다. 만약 무인도에

있다면 아무도 액세서리를 지니지는 않을 것이다. 이런 인간 심리의 미묘함을 이해하지 못하면 남에게 호감 사는 사람은 좀체 될 수 없다.

"○○씨, 예쁜 귀걸이를 하고 있군. 애인에게 선물 받은 건가?"

"××씨, 예쁜 목걸이를 하고 있군. 옷과 잘 어울리는데."

이런 말을 들으면 대개의 여성은 기뻐할 것이다.

그리고 칭찬해 준 사람에게는 제일 먼저 차를 가져다 준다든가, 부탁 받은 일도 될 수 있는 한 빨리 처리해 주고 싶은 마음이 들 것임에 틀림없다.

이처럼 남에게 기쁨을 주는 아주 사소한 한마디가 인간관계를 좋게 하는 것이다. 그런데 당신은 어떤가. 과연 그런 말을 하고 있을까? 아마도 100명 중 99명은 그런 말을 하지 않을 것이다. 그런 주제에 자신이 새 넥타이를 매고 갔을 때는 남에게 칭찬을 받고 싶어 한다. 이런 사람은 자기 중심적이다. 때문에 인간관계도 좋아지지 않는 것이다.

다만 여기서 주의해야 할 것은, 같은 사소한 한마디를 말하는데도 그 말에 따라서 남의 마음을 간단히 상처나게 할 수 있다는 것이다.

"아니, 네 가슴에 달고 있는 게 뭐지? 경품에서 나온 건가?"

하고 남이 싫어할 말만 하고는 득의 양양해 하거나 남이 하는 일이나 상사의 말에 트집을 잡아 의기 양양해 하는 사람도 있다.

아무튼 직장에서나, 가정에서나 남이 기뻐할 말을 한마디라도 더 많이 할 것. 어떤 말을 하면 상대방이 기뻐할까 생각해 보는 것이다.

## 배려하는 마음을 갖는다
—— 배려하는 마음, 인간에 대해 큰 사랑을 갖는 것

∷ 여기서 여러분에게 소중한 비법을 가르쳐 주고자 한다. 이 불황 속에서, 불안한 세상에서 성공과 행복을 잡기 위한 '황금 열쇠'가 있다. 그것은 '상대의 입장에 자신을 바꿔 놓고 모든 것을 생각하는 능력을 익힌다'는 것이다. 뭔가 했더니 겨우 그런 건가 하고 아주 간단한 것처럼 생각하겠지만, 실제로 이것을 익히는 건 쉬운 일이 아니다.

우선 이야기하는 것부터 생각해 보자. 누군가 당신에게 많은 사람 앞에서 연설해 달라는 부탁을 해왔다고 하자. 그러면 당신은 무슨 말을 할까 하고 생각할 것이다. 그때 당신은 듣는 사람의 입장, 듣는 사람의 욕구라는 것을 생각하며 화제를 선택하고 있는가? 듣는 사람이 듣고 싶어 하는 화제가 무엇인가를 생각하며 이야기하고 있는가? 유감스럽게도 대부분의 사람이 이런 것에 무관심해서 자신의 입장, 자신의 흥미로만 이야기한다. 때문에 듣는 사람도 귀를 기울여 들어 주지 않는다.

듣는 사람만 해도 그렇다. 만약 자신이 이야기하는 사람이었다면 어떤 태도로 들어 주면 기뻐해 줄까 하는 것을 생각해 보라. 이야기하는 사람이 열심히 이야기하고 있는데 고개를 숙이고 있거나 옆을 향하고 있으면, 과연 이야기하는 사람이 이야기를 하기 쉽겠는가? 이처럼 이야기하기 곤란한 경우는 없을 것이다. 이야기하는 사람이 농담을 하거나 재미있는 이야기를 하고 있는데 전혀 웃지도 않고 딴청 부리고 있다면 어떻겠는가?

이야기하는 사람은 이야기할 의욕을 잃어버린다. 자신이 이야기하는 사람이라면 어떻게 해주었으면 기쁠 것인지 알 것이다. 이야기하는 사람의 얼굴을 보고, 듣고, 때로는 고개를 끄덕이고, 때로는 큰소리로 웃으면서 반응을 보여 준다면 그렇게 기쁜 일은 없을 것이고, 이야기도 힘이 난다. 이것이 이야기하는 사람에 대한 배려라는 것이다. 이야기하는 사람에게 기분 좋게 이야기할 수 있게 하고 못하고는 듣는 사람의 태도에 달렸다.

이것은 직장에서도 마찬가지이다.

예를 들면, 상사가 부하를 나무랄 때도 자신이 앞으로 말하려고 하는 것을 만약 자신이 듣게 된다면 어떤 기분이 될까 하는 것을 우선 생각하고 나서 나무라야 할 것이다.

상대의 입장에 자신을 바꿔 놓고 모든 것을 생각하는 능력을 익혀 두지 못했기 때문에 일어난 아주 참혹한 사건이 있었다. 그것은 한 회사의 사장이 자신이 고용하고 있는 운전 기사에게 살해 당한 사건이다.

사장은 운전 기사가 차 손질을 잘하지 않는다고, '차를 좀더 깨끗이 할 수 없나!' 하고 매일처럼 입에서 신물이 나도록 주의를 주고 있었다. 그리고 살해된 그날도 운전 기사가 세차하지 않은 것을 보고, '뜨내기 악덕 운전사도 아닐 텐데, 차 손질 하나 제대로 하지 못하나!' 하고 화나는 감정을 퍼부었다. 생각해 보라. 운전 기사로서는 '뜨내기 악덕'이라는 말만큼 자존심 상하는 일은 없을 것이다.

"뭐가 어째, 뜨내기 악덕 운전사라고 했나? 사장이고 나부랭이고 없어! 맛 좀 봐라!"

하고 나이프로 심장을 찌르고 다시 두 군데를 찔렀다. 그리고 나서 사장은 그 자리에서 즉사했다.

이것도 사장이 만약 자신이 '뜨내기 악덕 운전사'라는 말을 듣는다면 어떤 기분이 될까 하고 잠시 상대의 입장에서 생각했다면 이런 일은 일어나지 않았을 것임에 틀림없을 것이고, 목숨을 잃어버리지 않았으리라 생각한다. 당신도 부하 직원이나 아이를 나무랄 때 상대 입장과 바꿔 놓고 어떻게 말해야 할 것인가를 생각하지 않으면 이런 터무니없는 일이 일어날지도 모른다.

당신이 고용된 몸인 경우에도 만약 자신이 사장이나 상사의 입장이었다면 부하 직원이 어떻게 일해 주었으면 좋겠다는 것을 생각해 본다면 스스로 결론이 나올 것이다.

손님을 접하는 경우에도 만약 자신이 손님 입장이었다면 어떤 응대를 해주었으면 좋겠다는 것을 생각하면 무엇을 해야 할 것인가를 알 수 있을 것이다. 웃음 하나 없는 불쾌하고 무뚝뚝한 얼굴로 손님에게 호감을 살 수 있을 것인지, 없을 것인지는 생각할 것도 없다.

전철을 타고 있을 때 노인이 앞에 서 있어도 자리를 양보하지 않고 태연한 얼굴로 앉아 있는 사람이 있다. 만약 자신이 나이 들어서 서 있기 고통스럽고 몸도 부자연스러운데 누군가 자리를 양보해 준다면 얼마나 기쁠까.

만약 당신이 독신이라면 노약자 보호석에 태연히 앉아서 자리를 양보하지 않는 사람과는 결코 결혼해서는 안 된다. 이런 배려하는 마음이 없는 사람과 결혼해서 행복하게 될 리가 없기 때문이다.

　상대의 입장에 자신을 바꿔 놓고 모든 것을 생각하는 능력을 익힌다는 것은 남을 배려하는 마음, 인간에 대해 큰 사랑을 갖는 것, 바로 그것이다. 이것이 성공을 잡는 황금 열쇠인 것이다.

# 하는 보람과 사는 보람을 발견한다
— 마음의 움직임을 읽고, 어떻게 하면 상대가 만족할 것인가를 생각하라

:: 비즈니스맨 50명을 상대로 '당신은 지금 일에 만족하고 있는가?' 하는 질문을 했다. 만족하고 있다고 대답한 사람은 불과 11명, 약 20퍼센트밖에 되지 않았다. 다른 80퍼센트는 마지못해 일하고 있는 셈이 된다. 더구나 대학을 졸업하고 중소기업에 취직했지만 1년 이내에 그만둔 사람의 퇴직 이유로써 '직무 내용의 불만, 일이 자신의 성격과 맞지 않는다'가 톱을 차지했고, 이 대답이 전체의 약 40퍼센트를 차지하고 있다고 한다(오사카 학생 직업 센터 조사).

당신은 지금의 일에 대해 '하는 보람이 없다', '사는 보람을 느끼지 못한다'라고 생각하고 있지는 않은가. 다이렉트 메일의 수신자 이름 쓰기나 상품의 발송, 재고 정리, 차

심부름 등 언뜻 보기에 전부 하찮은 것이라고 생각하기 쉬운 일들이 정말 하찮은 것일까. 아무것도 생각하지 않고 연구도 하지 않기 때문에 하찮게 보이는 것이 아닐까.

한 회사에서 젊은 A군이 일하다가 실수를 했다. 그래서 부장이,

"이런 일 하나 제대로 못할 거라면 그만둬, 멍청한 놈. 손님에게 용서받을 때까지 돌아올 것 없다!"

하고 호통치는 바람에 A군은 고개를 푹 숙이고 자신의 자리로 돌아왔다.

이 모습을 보고 있던 여직원 B는 살며시 자리에서 일어나 차를 타서 A군에게 가져다 주며,

"A씨, 너무 낙심하지 말아요. 부장님은 A씨를 빨리 어엿한 직원으로 만들고 싶기 때문에 엄하게 야단친 거니까요. 자, 차 한 잔 마시고 기운 내세요. 어머, 찻줄기(엽차를 찻잔에 부을 때 곤추 뜨는 차의 줄기:길조라고 한다)가 섰어요. 틀림없이 좋은 일이 있을 거예요."

순간 A군의 얼굴에 밝은 빛이 돌아왔다.

"정말 찻줄기가 섰군요. 뭔가 좋은 일이 있을 건가. 좋아, 실수를 만회하기 위해 분발할 겁니다. 감사합니다!"

하고 맛있게 차를 마시고 기운차게 손님에게로 달려

갔다.

그런데 이 찻줄기가 우연히 선 것일까? 실은 그렇지 않다. 어떻게 하면 침울해 있는 A군의 기운을 북돋아 줄 수 있을까, 어떻게 하면 격려해 줄 수 있을까 하는 생각을 한 여직원 B가 찻줄기가 설 때까지 몇 번이고 차를 갈아타면서 찻줄기를 세운 것이다. 이 얼마나 멋지고 상냥한 마음인가. 차 타는 방법 하나로 한 젊은이의 용기를 되살릴 수 있다면, 이처럼 보람이 있는 일은 없을 것이다.

차에 관한 이야기를 하나 더 하자.

토요토미 히데요시(豊臣秀吉)가 오우미(近江) 나라에서 매사냥을 하고 있을 때 일이다. 갈증이 난 히데요시는 가까이 있던 관음사라는 절에 들러서 차를 부탁했다. 얼굴이 빨갛게 된 히데요시가 땀을 흘리면서,

"아무도 안 계시오. 차 한 잔 부탁하고 싶은데......."

하고 말하자 사키치(佐吉)라는 소년이 나와서

"잠깐만 기다려 주십시오."

하고 물러갔다.

사키치 소년은, 히데요시가 몹시 갈증이 나 보이므로 차를 단숨에 마시고 싶을 것 같았다. 차가 뜨거우면 단숨에 마실 수 없다고 생각한 사키치 소년은 큰 찻잔에 10분의 7,

8 정도의 미지근한 차를 가지고 나왔다. 히데요시는 그것을 다 마시고는 말했다.

"음, 맛있게 마셨다. 한 잔 더 주겠나?"

사키치 소년은 이번에는 약간 뜨겁게 해서 절반 정도의 차를 가지고 나왔다.

히데요시는 자신의 마음을 정확히 읽고 차를 내오는 소년에게 흥미를 느꼈다. 그리고 이번에는 어떤 차를 가지고 나올 것인가 테스트해 보려고 "또 한 잔." 하고 세 번째로 부탁했다.

그러자 사키치 소년은 생각했다. '손님은 벌써 한 잔 반 정도 마셨기 때문에 목의 갈증은 가셨을 것이다. 그러나 아직 원한다면 이번에는 진짜 맛있는 차 맛을 보게 해드려야겠다.' 그러고는 찻잔을 조그만 것으로 바꿔서 짙은 차를 가지고 나왔다.

히데요시는 자신의 마음의 움직임에 맞추어서 세 번 모두 차를 바꿔가며 내놓은 소년의 태도에 대단히 탄복하여, "내 측근에 두고 싶다." 하고 말하며 찻잔을 받아들었다. 이 소년이 바로 훗날의 이시다 미츠나리(石田三成: 1560~1600. 아즈치 모모야마(安土桃山)시대의 무장. 이름은 사키치. 토요토미 히데요시에게 중용되어 히데요시 사망 후 유자 히데요리(秀賴)를 옹립하여 도쿠가와 이에

야스와 대립. 세키가하라(關が原) 싸움에서 패하여 교토에서 참수당함)다.

　상대의 마음의 움직임을 읽고, 어떻게 하면 상대가 만족할 것인가를 생각하고 일을 하면 차 타기 하나라도 이렇게 재미있는 것은 없다.
　하는 보람과 사는 보람은 회사에서 주어지는 것이 아니다. 스스로 만들어내는 것이다. 당신도 지금의 일을 어떻게 하면 하는 보람이 있는 일로 할 수 있을까 생각해 볼 일이다.

# 6 항상 감사하고, 감사하고, 또 감사한다
— '감사합니다' 라는 말을 많이 사용하면 병도 낫는다

∷ 인간이라는 것은 현재 자신이 가지고 있는 것의 고마움을 자각하지 못한다. 항상 그것을 잃어버린 후에야 비로소 그 중요성을 깨닫게 되는데, 그래서는 너무 늦다.

예를 들면 건강한 사람은 건강하다는 것을 당연한 것이라 생각하고 있기 때문에 그에 대해서 감사를 하지 않는다. 병마에 걸려서 자유롭게 움직일 수 없게 되어야 비로소 건강의 고마움을 통감한다.

회사에 가서 일한다, 일하면 월급을 받을 수 있다는 것도 당연하다고 생각한다. 그러나 이 불황의 어려운 시대에 자신이 근무하고 있는 회사가 언제까지 있다고 하는 보증은 어디에도 없다. 어느 날 갑자기 회사가 도산해서 실직하고 난 후 직업이 없다는 것이 얼마나 슬프고 쓸쓸한 것인가를 알게 되고, 회사에서 일할 수 있다는 고마움도 알게 된다.

이와 마찬가지로 아내가 남편은 월급을 가져다 주는 것

이 당연하다고 생각하고, 남편은 아내가 가사 일체를 맡아 하는 것이 당연하다고 생각하는 것도 큰 잘못이다.

당신은 자신이 만물의 영장이라는 인간으로서의 생명이 주어진 것에 대해 감사한 적이 있는가. 지구상에는 170만 종류의 생물이 생존하고 있다. 그 속에는 바퀴벌레도, 뱀도, 지렁이도, 두더지도, 모기도 있다. 개중에서도 바퀴벌레 등은 가련한 것이다. 쪼르르 모습을 나타냈다가 탁 하고 슬리퍼로 한방 맞으면 끝장이다.

당신은 자신이 인간으로서의 생명을 갖고 싶다고 원해서 이 세상에 태어났는가. 그렇지 않을 것이다. 자신은 아무것도 바라지도 않았는데 인간으로서의 생명이 주어진 것이다. 바퀴벌레로 태어났어도 불평 하나 하지 못하는데, 인간으로서의 생명이 주어졌음에도 불구하고 그것에 대해 감사 하지 않는다.

옛 불서(佛書) 속에 이런 말이 있다.

'사람의 몸은 얻기 어렵고, 불법을 만나는 일은 드물다. 몇 천만 겁 만나기 어렵다.'

겁이라는 것은 시간을 나타내는 단위의 하나로, 1겁이라는 것은 3킬로미터 사방(높이로 말하면 후지산의 10분의 8 정도)의 거대한 바위 위에 선녀가 1년에 한 번 내려와서 춤을 추어

옷깃에 스쳐서 그 바위가 사라질 때까지의 시간을 말한다.

사람으로서 태어나는 데 몇 천만 겁이라고 하니까 앞으로 다시 한 번 생을 받을 때까지는 몇 천만 년, 몇 억만 년이 걸릴는지 모른다. 두 번 다시 태어나지 않는다고 생각해야 할 것이며, 때문에 인간의 생명은 귀중하다는 것이다.

자신이 지금 이 세상에 인간으로서 살아 있는 것은 마땅히 기적이라고 해도 좋을 것이다. 하지만 이런 인간으로서의 존재의 근원에 대해서 대부분의 사람들은 생각한 적도 없다. 당연히 생각하지 않기 때문에 감사도 하지 않을 것이다.

그리고 오늘을 살아 있다고 하는 데 대해서도 감사해야 할 것이다. 당신은 생명을 자신만의 것이라고 생각하고 있을는지 모르지만 그렇지 않다. 생명은 하늘에서의 보관물인 것이며, 비록 죽고 싶지 않다고 아무리 외쳐대고 울부짖어 봤자 하늘이 허용하지 않으면 내일 생명이 없어질는지도 모른다. 때문에 오늘도 살아 있다고 하는 것은 실로 고마운 일인 것이다.

나는 언제나 수강생들에게 세상에는 일곱 가지 은혜가 있다는 것을 이야기하고 있다. 일곱 가지 은혜라는 것은 천지의 은혜, 사은, 객은, 중생의 은혜, 부모, 가족의 은혜, 나라의 은혜, 스승의 은혜다.

이 중에서 제일 근본이 되는 것은 부모의 은혜다. 부모라는 이름은 자애로 뭉쳐 놓은 덩어리라고 해도 과언이 아닐 것이다. 자식이 병에 걸리면 자지 않고 간병을 하고, 비록 자신이 먹을 것이 없어도 자식에게는 먹인다. 그러면서도 한 푼의 보수도 요구하지 않고 자식을 위해 전력을 다한다.

그런데도 자식들은 태어나서 대학을 나올 때까지 많은 돈을 들여 오로지 애정을 쏟아 길러 준 부모가 무슨 말을 하면 귀찮다고 불평만을 늘어놓는다. 이런 인간은 천벌을 받아 마땅할 것이다.

당신은 부모에 대해 진심으로 '감사하다'는 말을 한 적이 있는가? 부모의 어깨를 안마해 주거나 매월 조그만 용돈이라도 드린 적이 있는가? 부모에게 감사할 수 없는 인간이 자신의 행복 같은 것을 잡을 리 없다. 그런 식으로 생각해 나가면 세상은 고마운 일 투성이다. '감사합니다'라는 말을 많이 사용하면 병도 낫는다고 한다. 감사하는 마음은 이렇듯 믿을 수 없는 일까지 일어나게 된다.

식사 전에 손을 합장하라. 밤에 잘 때 오늘 하루의 무사를 감사하라. 이런 인간으로서의 기본적인 마음을 가지고 매일 매일을 살아가라. 모든 일에 감사할 수 있는 인간만이 진정한 행복을 잡을 수 있는 것이다.

# 7 정성을 다해서 일한다
### ― 사람을 움직이는 것은 뭐니뭐니 해도 사랑하는 마음이다

::일본에서 제일 땅값이 비싼 곳이라고 하면 긴자(銀座)다. 그리고 4가의 한 모퉁이에 있는 상아이(三愛) 백화점의 땅은 전후 계속 제일 비싼 가격을 유지해 왔다. 전후 얼마 안 되는 무렵, 이 상아이의 땅을 손에 넣을 수 있었던 사람은 재계의 실력자라 일컬어진 이치무라 키요시(市村淸) 사장이다.

이치무라 사장은 종전을 맞았을 때, "도쿄의 부흥은 긴자부터 시작할 것임에 틀림없다. 나도 4가의 한 모퉁이에 땅을 사자."

하고 물건을 찾고 있었다.

하지만 4가의 한 모퉁이는 이미 미츠코시(三越), 와코(和光), 라이온비어홀이 차지하고 있어서 교섭의 여지가 없었다. 그러나 다행하게도 지금 상아이가 세워진 곳이 타비 가게(일본 버선 가게)를 하는 개인 소유였다. 이치무라 사장은 몇 십 번이고 찾아가서,

"제발 이 땅을 양도해 주십시오."

하고 부탁했다. 하지만 실권을 쥐고 있던 노 미망인이 좀체 응해주지 않았다.

그러던 중 대설이 내리던 어느 날의 일이다. 그날은 전차도 운행하지 못하고, 거리에는 사람 하나 다니지 않았다. 그러자 이치무라 사장은,

'이런 날 찾아가서 부탁하면 그쪽도 이쪽의 열의에 감동하여 어쩌면 응해줄는지도 모른다.' 라고 생각하고 늙은 미망인에게 찾아갔다.

이에는 역시 완고하던 미망인도 놀라서 이렇게 말했다.

"용케도 이런 날에 오셨군요. 그렇게도 그 땅을 갖고 싶어요? 그러면 2, 3일만 더 생각하게 해주세요."

그리고 그 다음날, 당시 아사쿠사바시(淺草橋)에 있던 이치무라 사장에게 이 미망인이 혼자 찾아왔다. 전차를 타고 이리 밀리고 저리 밀리면서 새하얀 타비(일본 버선)도 흙투성이가 되어 버렸고, 어제의 대설은 그쳐 있었으나 도로 위에는 몇 십 센티미터나 되는 눈이 쌓여 있어서 게타(나무신발)

바닥에 눈이 끼여서 여러 번 굴러 넘어질 뻔했다. 몇 번씩이나 돌아가 버릴까 하고 생각하면서도 모처럼 나왔으니까 하고 마음을 고쳐먹고 겨우 회사에 당도했다. 미망인은 접수 창구로 가서,

"사장님 계세요?"

하고 물었다.

그러자 접수에 있던 여직원이 실로 밝은 웃음을 띤 얼굴과 상냥한 말투로,

"어서 오세요. 이렇게 험한 날씨에 오시느라 수고하셨습니다. 밖은 몹시 춥죠? 혹시 오시다 미끄러져 넘어지시지는 않으셨나요? 사장님실은 3층입니다. 이리 오십시오."

하고 안내해 주었다.

미망인은 예스럽고 고지식한 사람이어서 흙투성이의 게타로 올라가면 실례가 된다고 생각하여 그 자리에서 게타를 벗고 타비를 신은 발로 콘크리트 바닥 위에 내려섰다. 그러자 그 접수 여직원은,

"할머니, 발 시리시죠? 괜찮으시다면 제 슬리퍼 신으세요."

하고 자신은 양말도 신지 않은 맨발이 되면서 신고 있던 슬리퍼를 벗어서 미망인에게 신게 해주었다. 그러고는,

"계단이 가파르고 난간도 없으니, 조심해 올라가세요."

하고 그 미망인을 자신의 어머니처럼 안듯이 감싸고서 안내했다.

이치무라 사장이 깜짝 놀라며 방에서 나와,

"하실 말씀이 계시면 제가 찾아뵈었을 텐데...... 이거 정말...... 그런데 생각은 해보셨습니까?"

하고 묻자,

"네, 많이 생각했지만 그 땅은 조상이 대대로 물려준 땅입니다. 그것을 내 대에 와서 내놓는다면 조상에게 해명할 수가 없어요. 오늘은 분명히 거절하려고 왔습니다."

하고 거절하는 것이었다.

사장은 자신도 모르게 고개를 떨구고는,

"도저히 안 되겠습니까?"

하고 물었다.

"네, 하지만 이곳에 와서 내 마음이 바뀌었어요."

"어떻게 변했다는 겁니까?"

하고 다시 묻자,

"좋아요. 그 땅을 당신에게 양도해 드리죠."

하고 말했다.

사장은 하늘에 오를 것 같은 기쁜 마음으로,

"정말입니까? 어째서 마음을 갑자기 바꿔셨습니까?"
하고 물었다.

"오는 도중에 너무 고생스러워서 몇 번이고 돌아갈까 하고 생각했었습니다. 겨우 당신의 회사에 당도했을 때 접수 창구의 여직원이 웃음 띤 얼굴로 상냥하게 나를 맞아주었습니다. 내가 게타를 벗었을 때 그 여직원은 자신이 신고 있던 슬리퍼를 벗어서 내게 신게 해주고 양말도 신지 않은 맨발로 얼음 같은 차가운 바닥 위에 내려서고도 싫은 기색 하나 없이 여기 3층까지 자신의 어머니를 안듯이 하여 나를 안내해 주었습니다.

자신밖에 생각지 않는 마음이 거친 사람이 많은 이 도쿄에서 이렇게도 마음씨 곱고 상냥한 여성이 있다고는 꿈에도 생각지 못했습니다. 얼마나 훌륭한 사람입니까. 이렇게 상냥한 여직원을 부하로 둔 사장님이시라면 역시 훌륭한 분임에 틀림없을 겁니다. 그런 사람에게 양도한다면 조상님도 틀림없이 기뻐해 줄 것이라 생각합니다. 좋아요. 무조건 당신에게 그 땅을 양도하겠습니다."

하고 가격 흥정이나 조건 없이 양도해 주었다.

이치무라 사장은, 사람 마음을 움직이는 것은 뭐니뭐니 해도 사랑하는 마음이다, 그 사랑하는 마음을 말과 행동으로 나타내야 한다고 생각하였다.

'사람을 사랑하고, 일을 사랑하고, 나라를 사랑한다.'

이치무라 사장은 이 세 가지 사랑을 영원히 잊어서는 안 된다고 해서 '3애(三愛:상아이)'라는 사명을 명명했다.

재계의 실력자로 알려진 이치무라 사장이 몇 십 번씩이나 발길을 옮겨도 응해주지 않았던 이 완고한 노 미망인의 마음을 녹인 것은 한 여직원의 정성스러운 응대에 있었다. 만약 이 여직원이 흔한 말투를 사용했다거나 무뚝뚝한 태도로 응대하였다면 그 '상아이(3애)'의 땅은 결코 이치무라 사장의 손에 들어오지 않았을 것이고, 긴자 4가의 한 모퉁이에 우뚝 선 둥근 빌딩도 생기지 않았을 것이다. 말이라는 것은 개인의 운명뿐만 아니라 회사의 운명까지도 바꿔 버리는 실로 무서운 힘을 가지고 있다. 결국 이 여직원은 사장이 할 수 없었던 일을 해낸 것이다.

당신은 이 여직원처럼 사장을 능가하는 일을 한 적이 있는가. 이치무라 사장은 이 여직원에게 다액의 포상을 주었다고 하는데, 이것 역시 손님이나 회사에 기쁨을 준 것이 자신의 기쁨이 되어 돌아왔다는 좋은 예이다.

'얻으려고 하면 우선 주라'는 말의 의미를 잊어서는 안 된다.

## 02
## 인간관계가 좋아지는 7가지 포인트

1. 적극적으로 인사를 한다

2. 우선 자신을 바꿔 본다

3. 자상한 말을 건넨다

4. 계기는 자신이 만든다

5. 인사를 잘 해야 한다

6. 감사하는 마음을 나타낸다

7. 말 잘 하는 사람보다 상대에게 말하게 하는 사람이 돼라

# 1  적극적으로 인사를 한다
— 인사라는 것은 인간관계를 구축해 나가는 데
  있어서 가장 기본이다

::한 신혼 신부가 보내 온 한 통의 편지를 소개한다.

"학교에 근무하고 있는 나는 여름 방학을 맞아서 2, 3일 전부터 보통 주부처럼 매일 아침 출근하는 남편을 보내는 주부가 되었습니다.

오늘도 아침 식사를 마친 후 내가 방 청소를 하고 있자 남편이 곁을 지나가면서 모르는 사람처럼 말도 붙이지 않고 출근해 버리는 것이었습니다. 남편은 대학 시절부터 결혼할 때까지 8년 가까이 혼자서 생활을 하였습니다. 그래서 출근이나 외출할 때, 집으로 돌아왔을 때 가족에게 말을 붙이는 습관이 없어져 버렸던 것일까요? 바로 3개월 전까지 부모 형제 속에서 생활해 온 나로서는 너무한 행동이라고 밖에 받아들여지지가 않습니다.

　그러고 보니 다른 점도 생각나는 것이 있습니다. 출근 시간이 다른 우리들은 1주일에 단 두 번, 내가 출근하지 않는 날에만 둘이서 함께 아침 식사를 할 수 있습니다. 신혼주부인 나는 남편보다 적어도 1시간 30분은 먼저 일어나 세탁이나 식사 준비를 합니다. 식사 때도 어떤 음식에 어느 정도 젓가락이 가는가 하고 그 기색을 흘끔흘끔 바라보고 있습니다. 그런데 남편은 이 때에도 먹기만 하면서 한 쪽 손에 신문을 들고, 얼굴은 전혀 식탁 쪽을 보지 않고 몸을 돌려 묵묵히 입만 움직이는 것입니다. 그래서 처음에는 긴장한 나머지 아무것도 먹은 것 같지 않고, 도대체 나의 어떤 점이 마음에 들지 않은 것일까 생각하다 울고 말았습니다. 결혼 전에는 마음이 강한 편이었던 내가 이렇게 매일 끙끙 앓으며 반 울상으로 지내고 있다고는 아무도 상상할 수 없을 것이라고 생각하자 왠지 우스워져서 조금 전까지의 눈물은 잊어버렸지만, 앞으로 어떤 일로 슬퍼하게 될는지 알 수가 없습니다.

　남편은 틀림없이 혼자 생활하는 습관에 젖어 아내라는 존재를 느끼지 못하는 모양이라는 것을 극히 최근에 깨달았습니다. 적어도 이야기하면서 식사를 즐긴다, 외출 전에 잠깐 말을 붙인다고 하는 것은 함께 생활하고 있는 사람에 대한 최소한의 에티켓이 아닌가 하고 생각합니다."

이 편지 내용을 통해 남편이 인사를 하지 않기 때문에 얼마나 아내를 슬프게 하고 있는가를 알았을 것이다. 그런데 당신은 아내나 남편에게 착실하게 인사하고 있는가? 부모와 함께 살고 있는 사람은 부모에게 '안녕히 주무셨습니까?' 하고 문안 인사를 하고 있는가? 부모와 멀리 떨어져 생활하고 있는 사람은 한 달에 한 번은 편지를 써 보낸다거나 전화를 걸어 문안 인사를 하고 있는가? 자신을 오늘까지 길러 준 부모에게 인사 하나 제대로 하지 않는다면 인간으로서 한심하다. 오늘까지 하지 않았던 사람은 내일부터라도 반드시 해야 할 것이다. 부부, 부모 자식이 서로 인사를 하지 않게 되면 그것은 인간관계의 경계 신호다. 이것은 직장에서도 마찬가지여서 집에서 인사하지 않는 사람은 직장에 나가서도 인사를 제대로 하지 않는다.

예를 들면, 직장에서 사장과 마주쳤을 때 당신은,

"사장님 안녕하십니까. 저는 올해 영업부에 입사한 야마다 이치로(山田一郎)라고 합니다. 잘 부탁합니다."

하고 적극적으로 인사하고 있는가? 이렇게 하면,

'야마다라. 제법 씩씩한 직원인걸.'

하고 사장의 머릿속에 당신의 인상이 남는다. 즉 인간관계가 이루어지는 것이다. 그리고, '무슨 일이 있으면 그 직원을 시켜 보자.' 하고 생각하게 되는지도 모른다.

그런데 대부분의 사원은 자청해서 적극적으로 인사를 하지 않는다. 뿐만 아니라 심지어는 '앗, 저기 사장이 온다. 곤란하게 됐군. 에이, 피하자.' 하고 도망쳐 버린다. 그런 태도로는 언제까지나 당신의 인상을 심어 줄 수 없을 것이고, 사장과의 인간관계도 이루어질 수 없다.

파티석상에서도 중요한 거래처 사장을 만났을 때 밝은 얼굴로, "늘 신세를 지고 있는 ○○회사의 타나카(田中)라고 합니다. 앞으로도 잘 부탁합니다."

하고 이쪽에서 인사하러 가면 앞으로의 거래 증대와 결부될는지도 모른다.

그런데 그것을 하지 않는다. 보고도 못 본 체하고 도망쳐 버리는 것이다. 운 나쁘게도 상대 사장이 당신의 행동을 눈치채고 있었다고 하면 어떨까.

'늘 우리 회사에 드나들고 있는 인간이군. 내 얼굴을 보고도 모르는 체하고 인사하러 오지도 않다니. 저런 회사와는 거래 같은 거 끊어 버려!' 하고 나올 수도 있다. 이래서는 인간관계가 원만해질 수 없다.

　인사라는 것은 인간관계를 구축해 나가는 데 있어서 가장 기본이며, 윤활유라고도 말할 수 있을 것이다. 아무튼 인사한다는 것을 가볍게 생각하는 경향이 있는데, 인사란 극히 중요한 역할을 하고 있다는 것을 잊어서는 안 된다.

## 2. 우선 자신을 바꿔 본다
#### —— 용기를 내서 자신부터 변화해야 한다

∷ 세상에는 아무래도 마음이 맞지 않는 인간이나 얼굴을 보기만 해도 불쾌해지고, 말도 하고 싶지 않은 사람도 있다. 이런 사람과 무리하게 인간관계를 만들 필요는 없을는지 모르지만, 적은 한 사람이라도 적은 것이 좋다. 언제 무슨 일로 발목을 잡히거나 일의 방해를 받게 될는지 모르기 때문이다. 이런 사람에 대해서 인사라는 것이 얼마나 효력이 있는지 게임 감각으로 시험해 보기를 권한다.

적대 관계에 있는 사람에게 인사를 한다는 것은 적에게 꼬리를 내리는 것 같은 느낌이 들거나 자신의 프라이드를 현저하게 상처 입는다고 생각하는 사람도 있는데, 그렇게 허세 부리지 말고 우선 자신 쪽에서 인사를 해보는 것이다.

아침에 만났을 때, 상대가 눈을 감고 있어도 좋다.

"좋은 아침입니다!" 하고 말을 붙여 본다.

그러나 오랫동안 서로 노려보던 상대가 갑자기 내 쪽에서 먼저 인사했다고 해서 곧 인사를 받는다고는 장담할 수 없다. 어쩌면 힐끗 노려보기만 할는지도 모른다.

그러나 그런 때,

'뭐야, 이쪽에서 인사하는데 인사도 받지 않다니.' 하고 화를 내서는 안 된다. 상대가 인사를 받든 안 받든 그런 것은 개의치 말고 두 번이고 세 번이고, 아니 다섯 번이고 열 번이고 되풀이해 본다.

남이 말을 걸어 왔을 때 잠자코 있는 것은 제법 고통스러운 것이다. 게다가 '○○씨, 좋은 아침!' 하고 상대의 이름까지 함께 말한다면 상대는 더더욱 괴로워지기 때문에 몇 번째에는 반드시 '좋은 아침!' 하고 말을 걸어오게 된다. 이렇게 되면 당신의 승리다. 이것을 계기로 이야기해 보면 자신이 생각하고 있던 것과는 전혀 다른 상대의 얼굴을 발견할 수 있고, 인간관계가 뜻하지 않은 전개를 보이게 되는 경우도 있다. 리더십이란 상대가 어떻게 나오는가와는 상관없이 건설적인 태도를 보일 수 있는 것이다. 상대의 태도에 자신이 좌우되어서는 한심하다.

대 은행에 근무하고 있던 K씨의 이야기이다.

그는 내향적이고 사람과의 교제가 아주 서툴렀다. 그런 것이 원인인지 나이 30을 지나서도 독신으로 조그만 맨션에서 혼자 살고 있었다. 그는 당연히 주변 사람을 만나도 인사 한 번 하지 않았다. 독신인 그는 날씨 좋은 날에는 세탁물을 밖에 넌 채로 외출하곤 했다.

어느 날, K씨는 평소처럼 밖에 세탁물을 널고 외출했는데 공교롭게 저녁 무렵부터 비가 내리기 시작했다. 그가 집으로 돌아와 보니 밖에 널어 놓았던 그의 세탁물은 흠뻑 젖어 있었는데 이웃 사람들의 세탁물은 하나도 없었다. K씨는 그런 상황을 접하고 보니 왠지 쓸쓸하다는 생각을 하였다.

그런데 K씨는 에티켓 교실에 다니게 된 후 인사가 얼마나 중요한 것인가를 배우게 되어 그것을 실행해 보았다. 이웃 사람들 누구에게나 인사를 하였다. 1개월쯤 지난 무렵 다시 비가 내렸다. '오늘도 세탁물이 흠뻑 젖겠구나.' 하고 어두운 마음으로 돌아오자 아침에 널고 나간 세탁물이 없었다. 누가 훔쳐 갔나 생각하며 방으로 들어가 잠시 있자 옆집 부인이,

"K씨, 비가 와서 세탁물을 들여놓았어요."

하고 와이셔츠와 손수건 등의 세탁물을 다림질까지 해

서 가져다 주었다. 앞방의 부인 역시,

"K씨 돌아오셨어요, 아직 식사 전이시죠? 반찬을 많이 만들어서 좀 가져왔어요."

라는 식으로 갑자기 이웃 사람이 친절해졌다고 한다.

인사를 하지 않을 때는 아무도 자신에 대해 마음 써 주지 않고 매일 외톨이로 지내며 어둡고 쓸쓸하고 고독한 생활이었는데, 인사를 하게 된 후부터는 주위 사람들이 전부 호의의 손길을 내밀어 주게 되었다. 그 후 K씨는 인간관계라는 것이 얼마나 근사한 것인가 하고 생각하게 되었고 매일 매일이 즐겁기만 했다고 한다.

## 인사의 기능 일람표

| 인사를 하는 사이 | 목적 | 효과 |
|---|---|---|
| 1 | 자신은 상대를 알고 있다<br>상대도 자신을 알고 있다 | 우호 관계를<br>유지하기 위해 | 사회생활이 한층<br>원활할 수 있다 |
| 2 | 자신은 상대를 알고 있다<br>상대는 자신을 모른다 | 새로운 교제를 위해 | 이쪽에서 자청해서<br>인간관계를 넓힌다 |
| 3 | 자신은 상대를 모른다<br>상대도 자신을 모른다 | 에티켓으로 행한다 | 우연한 접촉이 인연이<br>되어 인간관계가 넓어진다 |
| 4 | 자신은 상대를 모른다<br>상대는 자신을 알고 있다 | 상대가 말을<br>붙이면 인사를 한다 | 수동적인 형태로 인간관계<br>가 넓어진다 |

● **1에 대해서**

종래의 심리적 결합(친근성)을 지금까지와 마찬가지로 유지하면서 한층 더 깊게 하기 위한 계기를 잡는 기능을 갖는다.

● **2에 대해서**

상대가 유명인이어서 이쪽은 얼굴이나 이름을 알고 있지만 상대는 이쪽을 모르는 경우로, 의도를 가지고 새로운 인간관계를 개시하는 기능을 갖는다.

### ● 3에 대해서

에티켓으로써 사람 앞을 지날 때나 먼저 온 손님이 있는 장소에 합석할 때 하는 인사로, 이것을 계기로 인간관계가 형성될 가능성이 있다.

### ● 4에 대해서

2의 반대 경우에 해당된다. 되받아 인사를 하는 것은 상대의 접근을 허락하는 것이 되며, 회답을 하지 않는 것은 거부를 의미한다.

결국 상대를 변하게 하고 싶으면 우선 자신이 먼저 변하는 것이 중요한 것이다. 부하 직원을 변하게 하고 싶으면 상사가 변해야 한다. 아이를 변하게 하고 싶으면 부모가 변해야 하고 남편을 변하게 하고 싶으면 아내가, 아내를 변하게 하고 싶으면 남편이 먼저 변해야 한다. 이것이 인간관계 호전의 포인트다. 자신이 변하지 않고서 상대에게 변하라고 하는 것은 무리한 이야기일 것이다. 처음에는 약간의 저항이 있을는지 모르지만 용기를 내서 자신부터 변해 보는 것이다. 어디까지나 가벼운 마음, 게임 감각으로 인사부터 시작해 보면 좋다. 그렇게 했는데도 만에 하나 상대가 변하지 않더라도 상처 입지는 말 것. 하지만 틀림없이 당신은 상대의 많은 변화에 놀라게 되리라 생각한다. 왜냐하면 '인사'가 갖는 힘은 무한대이기 때문이다.

# 자상한 말을 건넨다
— 주위 사람들에게 자상한 말을 걸고 있는가?

∷ 앞에서의 이야기를 이어 한 가지 더 하자.

세키네 마사아키(關根正明) 씨는 도쿄 아다치 구립(足立區立) 중학교 교장으로 근무하고 있었다. 이 중학교는 이른바 '거친 학교'였다. 그가 부임했을 때의 학교 상태는 대단히 심각한 것이어서 수업 중인데도 복도에서 어슬렁거리거나 빈 교실에 모여서 담배를 피우고, 음식을 먹고 있는 학생이 많이 있었다. 교실 안에는 어질러진 쓰레기와 천한 낙서로 넘쳤고, 거칠고 황량한 분위기를 자아내고 있었다. 세키네 교장은 이 학교를 조금이라도 정상화시키기 위해 도대체 어디서부터 손을 대야 할지 어찌할 바를 몰랐다 한다.

어느 날, 세키네 교장이 복도의 쓰레기를 치우고 있자,

"교장 선생, 이쪽에도 쓰레기가 있어."

하고 한 학생이 비아냥거렸다.

"있으면 스스로 주워라."

하고 세키네 교장이 나무라자,

"시끄러워, 나하고 관계없어."

하고 그 학생이 쓰레기를 발로 차는 것이었다. 그 대단한 교장도 노이로제 증세가 생기고 말았다.

그러나 교장인 자신이 이런 일로 녹초가 된다면 학교를 전혀 정상화시킬 수 없다고 생각한 세키네 교장은, 상대가 변하지 않는다면 자신이 변해 보자, 그렇게 하기 위해서는 철저하게 자신을 재평가해 보아야겠고 생각하였다. 세키네 교장은 1주일 동안의 자기 반성 숙박 연수에 참가하기로 했다.

처음 3일 정도는 오로지 여러 사람에 대한 사과와 반성의 기분이 높아졌다. 자책하는 마음을 초월하는 데 시간이 걸렸다. 기분이 고양된 후에는 편하고 온화한 심경이 되었고, 남에게 가르침을 받고 있는 데 대한 감사하는 마음으로 가득 차고 연수는 끝났다.

그리고 2학기가 시작되었다. 학교 상태는 여전했다.

평소처럼 쓰레기를 줍고 있자 불량스러운 학생이 다가와서는,

"여기도 쓰레기가 있어."

하고 시비를 걸어왔다.

교장은 자신도 모르게,

"그래, 고맙다."

하고 대답했다. 그 학생이

"이 학교는 정말 더러워." 하고 말하자,

"그렇군, 더럽구나." 하고 교장은 대답했다.

그때 뜻밖의 일이 일어났다. 그 학생이 "정말이야." 하고 말하면서 쓰레기를 주워서 통에 넣기 시작한 것이다. 더구나 그 학생은 쓰레기가 제일 많은 곳으로 세키네 교장을 안내하고는 둘이서 함께 쓰레기를 주웠다.

그날 이후, 서서히 학교 상태가 변해갔다. 처음에는 학생이 변했다고 생각했는데 변한 것은 자신의 마음이며, 그것을 학생들이 어떻게 받아들이는가 하는 점이 변했다는 것을 깨달았다.

세키네 교장은 학생을 비난하는 것이 아니라 자신이 변함으로써 아이들의 거친 마음을 진정시키고 부드러운 마음으로 돌아오게 하여 학교 전체를 바꿔간 것이다. 이 이야기는 자신이 변하는 것이 얼마나 중요한가를 우리들에게 가르쳐 주고 있다.

살을 저미는 것같이 차가운 북풍이 부는 때, 아키다(秋田)로부터 일하러 온 사람들은 하수 공사를 하고 있었다. 유치원에 다니고 있는 딸을 데려다 주면서 내가 매일 아침,

"안녕하십니까. 매일 수고가 많으십니다. 오늘도 날씨가 제법 춥군요. 건강 주의하세요!"

하고 말하자, 일하던 손을 잠깐 멈추고 그 사람들도,

"안녕하십니까."

라고 인사를 했다.

그런데 그런 대수롭지 않은 말이 어느 날 갑자기 감격이 되어 돌아왔다. 그날, 목욕탕의 하수구가 막혀서 세탁한 물이 내려가지 않는 것이었다. 수도 공사하는 가게에 전화를 걸었지만 인력 부족으로 곧 올 수 없다고 하여 어찌해야 할 바를 모르고 있었다.

그런데 이 사실이 우연한 기회에 하수 공사하는 사람들의 귀에 들어가게 되었고, 그들은 일을 마치고 재빨리 우리 집으로 와서 구덩이를 파고 하수도관을 벗겨 작업해 주었다. 주위는 점점 어두워지고, 바람은 차갑고, 게다가 배도 몹시 고프겠지 하고 생각하니 미안해 견딜 수 없었다.

"정말 미안합니다. 피곤할 텐데도 이렇게 도와 주셔서……."

라고 말했더니,

"부인, 우리 반장이 하수구가 막힌 집이 어떤 집이냐고 묻기에 매일 아침 인사하는 부인의 집이라고 말했더니, '그럼 전부 가서 고쳐 주자, 요즘 세상에 인사해 주는 사람이 거의 없는데 그 부인만이 매일 아침 인사해 주잖아' 하고 반장이 말하는 바람에 우리들이 왔습니다."

라고 말하였다.

나로서는 무의식중에 건넨 인사가 그렇게도 일하는 사람들의 마음에 남아 있었는가 하고 생각하니 그날 밤은 마음이 흥분되어 잠을 이룰 수 없었다.

앞의 내용은 사이타마 현(埼玉縣)에 사는 한 주부가 내게 보내온 편지사연이다.

돈을 주겠다고 해도 일손이 부족해서 와 주지 않는 수도 정비 가게로 인해 난감한 상황에 처해 있을 때 그 사람들은 피곤할 터인데도 불구하고 무상으로 수리를 해주었다. 이 얼마나 고마운 일인가. 단 한마디의 자상한 말이 사람들에게 얼마나 큰 기쁨을 주는가를 일깨워주는 일화이다.

현대에 사는 사람들은 인정에 목말라 있다. 자신이 상처 입고 싶지 않기 때문에 주위 사람에 대해서도 무관심을 보인다. 하지만 당신도 오늘부터는 주위 사람들에게 이런 자상한 말을 걸어보는 것이 어떨까. 반드시 그 기쁨이 당신에게도 돌아올 것이다.

다시 한 번 묻자. 당신은 이런 인사를 하고 있는가? 주위 사람들에게 자상한 말을 걸고 있는가?

## 4  계기는 자신이 만든다
― 적극적으로 몸소 만들어 나가는 것이다

:: 일본에서 제일 인기 있는 스포츠인 프로 야구. 많은 프로 야구 구단 중에서도 칸토(關東)에서 자이언트는 단연 최고의 인기를 누리고 있다. 이 자이언트를 이끌고 V9의 위업을 달성한 것이 야구계의 중요 인물이라고 일컬어지는 카와카미 테츠지(川上哲治) 씨다. 나는 행복하게도 이 카와카미 씨와 친한 사이인데, 카와카미 씨와의 인간관계를 갖게 된 계기를 소개하고자 한다.

하네다 공항에서 탑승 시간을 기다리고 있을 때의 일이다. 통로를 사이에 두고 5미터 정도 떨어져 있는 곳에서 한 신사가 책을 읽고 있었다. 자세히 보니 그것은 내가 쓴 책이었다. '기쁘다, 내 책을 읽어 주는 사람이 있다니.' 하고 생각하면서 어떤 사람일까 하고 자세히 보니, 놀랍게도 카와카미 씨였다. 너무나 기뻐서 나는 즉시 일어나 다가가서,

"실례지만 자이언트에 계시는 카와카미 씨가 아니십니까?"

하고 말하였다. 그러자 그는 의아한 표정으로,

"네? 그런데요."

하고 대답했다.

"처음 뵙겠습니다. 나는 일본 말 표현법 센터의 소장인 에가와 히로시(江川ひろし)입니다."

하고 내 소개를 하였다.

"아, 당신이 에가와 히로시 씨입니까? 이름은 들어 알고 있었지만……이거 이렇게 정중하게 인사까지 해주시니, 정말 송구합니다."

"지금 카와카미 씨가 읽고 계시는 책은 내가 쓴 것입니다. 보잘것없는 책이지만 사 주셔서 감사합니다. 우리 가족 4식구에게 아주 큰 도움이 되겠습니다."

하고 농담 섞어서 말하자,

"아니, 이게 에가와 선생의 책입니까? 정말 좋은 말들이 쓰여 있어서 지금 정신 없이 읽고 있었습니다."

그 만남이 계기가 되어 카와카미 씨와 교류를 갖게 되었다. 만약 그때 내가, '기쁘다, 카와카미 씨가 내 책을 읽어주어서.' 하고 생각만 하고 아무 행동도 취하지 않았다면 지금과 같은 인연은 맺어지지 않았을 것이다.

그리고 그 후 카와카미 씨는 아들, 딸, 며느리, 그리고 회사 사람들, 나아가서는 당시 세이부(西武)의 감독을 하고 있었고 현재 NHK의 해설을 맡고 있는 모리 마사아키 씨를 비롯한 많은 야구계 관계자를 소개해 주었고, 그 주변의 많은 분이 나의 강좌(화법, 생활태도 교실)에도 참가해 주었다. 이것도 적극적으로 내가 카와카미 씨에게 인사를 하여 인간관계를 스스로 만들어 갔기 때문이다.

광고 회사의 영업을 맡고 있는 S씨가 어느 날 내게, "선생님에게 배운 인사예절을 열심히 실행하여 훌륭한 성과를 거두었습니다." 하고 연락해 왔다.

S씨가 오카야마 현(岡山縣)의 쿠라시키(倉敷)에 혼자 여행 갔을 때의 일이다. 밤에 식사를 하기 위해 일품 요리집으로 들어갔다. 카운터 형태의 가게인데 손님이 가득했다. 어디 빈 좌석이 없나 하고 둘러보다 안쪽의 한 좌석을 발견한 S씨는 거기로 가서 앉으려고 하다가, 적극적으로 인사를 하라고 한 내 말이 생각나서 한 잔하고 있던 연배의 신사에게,

"안녕하십니까?"

하고 큰소리로 인사를 했다.

그 신사는 깜짝 놀란 얼굴을 하면서,

"안녕하십니까"

하고 인사를 받아 주었다. S씨는

"옆자리에 앉아도 괜찮겠습니까?"

하고 묻고는 신사의 옆자리에 앉았다. 그리고,

"도쿄에서 왔는데, 쿠라시키는 좋은 곳이군요. 마음이 차분해집니다."하고 감상을 말하자,

"그렇습니까? 쿠라시키에 계시는 동안 곤란한 일이 있으면 언제라도 전화하십시오. 도움이 될 겁니다."

하고 말하며 그 신사는 S씨에게 명함을 건넸다.

명함을 보니 그는 그 고장 신문사의 업무 부장이었다. S씨도 명함을 건네 주자,

"허, 당신 광고 회사 사람이군요. 이거 좋은 자리에서 만나게 됐는걸요. 실은 우리 회사에서 이번에 도쿄에서 새 사업을 시작하게 됐는데, 광고를 내야 한다고 생각하고 있던 참입니다. 그 일을 당신 회사에서 맡아 주시겠습니까?"

즉석에서 이야기가 일사천리로 진행되어 S씨는 놀랍게도 750만 엔의 주문을 받아 온 것이다.

사람이란 언제 어디서 어떤 사람을 만나게 되는지 모른

다. 그리고 그 사람이 당신의 인생에서 큰 힘을 주는 사람이 될는지도 모른다. 인간관계라는 것은 저절로 이루어지기를 기다리고 있어서는 안 된다. 적극적으로 몸소 만들어 나가는 것이다. 당신도 시험해 보면 어떨까.

# 인사를 잘 해야 한다
— 자신 쪽에서 먼저 인사를 한다

:: 인사는 젊은 사람이 나이든 사람에게, 부하 직원이 선배나 상사에게 먼저 하는 것이 예의다. 회사에 출근해 선배나 상사에게 인사하지 않는 사람의 인간관계는 나빠진다. 일 하나 가르침을 받지 못하게 될 것이다. 세상은 예의로 시작하여 예의로 끝나는 것이기 때문에 적어도 '좋은 아침!'이나 '먼저 실례하겠습니다' 정도는 정확히 할 수 있어야 한다. 그러나 그렇다고 해서 선배나 상사가 먼저 해서는 안 된다는 법은 없다. 오히려 부하에게 열심히 일을 시키고 싶다면 상사 쪽에서 먼저 해야 한다.

과장이나 부장의 실적은 부하 직원이 얼마나 열심히 뛰어 주느냐에 달려 있다. 리더는 부하 직원에게 얼마나 일하고자 하는 의욕을 북돋워주느가가 중요하다. 부하 직원에게 하고자 하는 마음을 북돋워주려면 인사를 멋지게 한다는 것도 하나의 요소다.

내 강좌의 졸업생이며 2부 상장 회사의 대표인 K 사장과 함께 식사를 했을 때, 그는 이런 이야기를 했다.

"우리 회사에 실로 태도가 나쁜 젊은이가 한 사람 있는데, 아침에 나를 만나도 인사를 하지 않는가 하면 일을 지시해도 대답도 제대로 하지 않는 겁니다. 부장을 불러서 두어 번 주의를 주었는데도 전혀 고쳐지지 않았습니다. 너무 화가 나서 부장과 함께 그를 불렀습니다.

'자네는 아침에 나를 만나도 인사도 하지 않고 무슨 말을 해도 제대로 대답도 않는데, 내게 감정이라도 있나? 있다면 말해 보게.'

하고 말하자,

'그렇게 말씀하시니까 말하겠습니다. 나는 신입사원 교육 때 강사에게 들었습니다. 자네들은 제일 젊으니까, 선배나 상사에게 정중히 인사하라고 말입니다.

그래서 나는 처음에는 그렇게 했습니다. 사장님을 만났을 때도 물론 인사를 했습니다. 그런데 사장님은 쓰다 달다 말도 없었습니다. 나는 완전히 무시당했습니다. 아무리 높은 사람들이라도 이쪽에서 인사하는데 인사도 받아 주지 않는단 말인가 하고 생각했습니다. 그 이후로 나는 사장님에 대한 존경의 마음을 잃어버렸습니다. 그래서 반항적인 태도를 취하고 있었다는 것은 스스로 인정합니다.'

그 젊은이의 말을 듣고 나는 깜짝 놀랐습니다.

'뭐라고? 내가 인사를 받지 않았다고…… 그런 일은 없는 것 같은데. 나는 어떤 직원에게든 인사하고 있다고 생각한다네. 만약 그런 일이 있었다면 뭔가 생각하고 있다 보니 깨닫지 못했었는지도 몰라. 아니면 자네의 목소리가 작아서 들리지 않았다던가…… 아무튼 자네에게 그런 기분이 들게 했다면 내가 부덕한 탓이니까 지금 사과하겠네. 그것은 그렇다지만 자네 태도는 좋지 않아. 고칠 생각이 있으면 고치고, 고칠 생각이 없으면 회사를 그만두는 게 좋아. 그건 자네 자유야.'

'사장님, 정말 죄송합니다. 사장님이 바쁘신 시간을 할애하셔서 저를 직접 꾸짖어 주신 것은 저의 존재 가치를 인정해 주셨기 때문이라 생각합니다. 저는 지금 정말 기쁩니다. 앞으로는 태도를 고치겠습니다. 아무쪼록 잘 지도해 주십시오.'

라고 말하는 것이었습니다. 지금은 회사의 젊은이 중에서 넘버원이라 할 수 있을 정도로 성장해 가고 있습니다."

이것과 전혀 반대의 예도 있다.

지방에서 온 신입사원이 첫 출근하는 날 불안한 마음으로 회사 정문을 들어섰을 때 사장이 밝은 목소리로 '좋은 아침' 하고 말을 걸었다. 그 말이 '회사에 들어가면 열심히 일을 해야 한다. 회사를 짊어지고 일어설 정도의 인간이 되라!' 하는 백 마디보다 더 힘을 주는 격려의 말로 들려서 그 후 그는 남보다 탁월하게 일을 하여 표창을 받았다.

상사가 아무렇지 않다고 생각하는 한마디가 부하 직원에게는 이렇게 큰 영향을 주고 있는 것이다. 당신은 아침에 부하 직원을 만났을 때 당신 쪽에서 먼저,

"좋은 아침. 열심히 하고 있나!"

라고 인사를 하고 있는가. 인사는 상대에 대한 가치 평가의 한 행위다. 소중한 사람에게는 자신 쪽에서 먼저 인사를 건네라. 하물며 부하 직원이 인사를 해도 제대로 받아주지 않는다는 것은, '저런 직원은 있으나 없으나 관계없다'라고 말하고 있는 것과 같은 것이다. 이래서는 부하 직원의 하고자 하는 의욕이 북돋워질 리 없다.

## 6 감사하는 마음을 나타낸다
— 마음을 실어 감사하는 마음을 표현하라

::인생의 4대 예식에 '관혼상제(冠婚喪祭)'가 있다.
관(冠)이란 관례, 지금의 성인식에 해당되고, 혼(婚)은 말할 것도 없이 혼례의 의식, 상(喪)은 장례, 그리고 제(祭)는 조상의 제사다.

이 중에서 특히 중요한 것은 혼례와 장례다. 이런 때에 도리를 다하지 못하면 인간관계에 금이 간다. 특히 장례는 사람이 일생을 마치는 작별의 의식이기 때문에 결코 빠져서는 안 된다.

명절, 세모의 시기가 되면 많은 물건들이 내 집에 전달된다. 아내와 둘이서는 다 먹을 수 없기 때문에 이웃에 있는 메밀집에 여러 가지 귀한 물건을 나누어 주었다. 물론 메밀집에 주문도 늘 하고 있었다.

작년에 아내의 상(喪)을 치를 때 많은 사람이 조문을 왔기

때문에 식사 주문을 부탁했다. 그런데 배달 온 메밀집 주인에게,

"집사람이 죽었습니다."

하고 말했는데도 이 메밀집 주인은 한 번도 문상을 오지 않았다. 전혀 모르는 체하는 것이다. 그 후 나는 이 메밀집에는 일체 아무것도 가지고 가지 않았고, 물론 주문도 하지 않게 되었다.

장례식이라는 것은 사랑하는 사람을 잃어버린 슬픔의 의식이기 때문에 당신은 어떻게든 참석해야 한다. 만약 도저히 당일에 참석할 수 없을 때는 다른 날을 택해서라도 가야 하는 것이다. 이런 기본적인 것을 하지 않으면 인간관계는 쉽게 깨진다. 이 메밀집은 중요한 손님을 잃었으니, 얼마나 이익을 잃었겠는가.

회사 동료나 업무상 신세 진 사람의 장례식에는 당신은 물론 참석하리라 생각한다. 그러나 그것은 뜬세상의 의리 때문에 가는 것뿐이 아니겠는가. 만약 고인을 사랑하고 고인과의 헤어짐이 정말로 슬펐다면 1주기 때에도 향을 피우러 가야 할 것이다. 유족들이 얼마나 기뻐하겠는가.

내 강의의 수강자 중에 건설 회사의 사장이 있었다. 그는 2대째의 사장이었다. 초대 사장이 죽었을 때 장례식은

성대히 행해져 많은 사람이 참석해 주었는데, 1주기 때에는 불과 2, 3명만이 향을 피우러 왔을 뿐이었다고 한다. 그 중에 하청 회사의 A사장은 매년 초대 사장의 기일을 잊지 않고 8년이 지난 지금까지도 와 준다고 한다. 그래서 2대째 사장은 A씨의 말이라면 듣지 않을 수 없다고 말하였다.

이야기가 좀 바뀌지만, 애도를 표할 때 유족에게 '너무 낙심하지 마십시오'라는 사람이 있다. 사랑하는 사람을 보내고 낙심하지 않는 사람은 없다. 이런 겉발림의 말은 사용하지 않는 것이 좋다.

이번에는 명절, 신년에 대해 언급하자.

평소 업무상이나 사적인 일로 신세 진 사람에게 특별한 시기에 인사를 하고 사례하는 마음을 전한다는 것은 나쁜 일이 아니다. 인간관계를 깊게 하려면 오히려 중요한 일이라고 나는 생각한다.

다만 다른 사람이 하기 때문에 자신도 해야 한다는 정도의 마음으로 선물하는 것은 허례. 허례라는 것은 존경하는 마음이 없고 겉으로만 가장하는 것을 말한다. 그러므로 상대가 술을 마시지 않는데 술을 보낸다거나 단것을 싫어하는 사람에게 과자를 보내는 등, 이런 선물은 아무리 해도 결코 상대가 기뻐하지 않는다.

또 상대가 과일이나 생선을 좋아한다 해도 그런 것을 많은 사람이 한 번에 같은 시기에 보내온다면 받은 쪽은 처치 곤란해지고 오히려 귀찮아하게 되는 경우도 있다. 이것도 상대의 입장을 생각하지 않기 때문이다.

명절, 신년에는 어디까지나 평소 신세를 졌거나 도움을 받고 있는 사람에게 자신의 감사하는 마음을 전달하는 것이기 때문에 그저 단순히 물건을 보내면 되는 것이 아니다. 상대가 기뻐하는 것을 생각해야 할 것이다.

예를 들면, 양말이라면 보통의 것 5켤레보다 고급 실크 한 켤레가 좋다. 결혼한 지 20년째 되는 부부에게 신혼 여행에서 숙박한 호텔의 같은 방을 1박 선물해서 대단히 기쁘게 해 준 사람도 있다. 예산이 있다면 이런 것도 좋을 것이다.

중요한 것은 자신의 감사하는 마음을 반드시 편지로 써서 함께 보내는 것이다. 물건만 휑하니 보내고는 엽서 한 장 보내지 않는 사람도 있는데, 이것은 바람직하지 못하다. 받는 상대는 물건을 원하는 것이 아니다. 오히려 돈이나 물건은 남아도는 사람이 많으니까 이런 형식적인 선물을 해도 인간관계는 그다지 좋아지지 않는다.

또 제일 빨리 받은 선물은 반드시 기억에 남기 때문에

남보다 먼저 서둘러 보내는 것도 중요하다.

  명절, 신년에는 허례라고 해서 하지 않는 것보다는 1년에 한 번이나 두 번은 마음을 실어 감사하는 마음을 표현하는 것이 좋다고 생각하는데 어떨까. 그런 일에 무신경한 사람은 역시 남에게 칭찬 받지 못할 것이고, 보다 좋은 인간관계도 구축할 수 없다.

# 7. 말 잘 하는 사람보다 상대에게 말하게 하는 사람이 돼라

― 이야기를 잘 들어 주는 사람에 대해 사람들은 반드시 호의를 갖게 마련이다

::미국에는 '돈을 받고 이야기를 들어주는 곳'이 있다고 한다. 일이나 가정에서의 불평 불만을 들어주거나 세일즈나 스피치 이야기를 들어주고 돈을 받는 것, 그것을 장사로 하고 있는 곳이다. 이것은 인간은 돈을 지불하면서까지 자신의 이야기를 들어주기 바란다고 하는 한 현상이다.

내가 조사한 바로도, '당신은 자신에 대해 이야기하고 있을 때와 남의 이야기를 듣고 있을 때 어느 쪽이 즐겁습니까? 라는 설문에 대해 자신에 대해 이야기하고 있을 때가 즐겁다는 사람이 87퍼센트, 나머지 13퍼센트가 듣고 있을 때가 즐겁다는 통계가 나와 있다. 인간이라는 것은 자기 표현 욕구를 강하게 가지고 있기 때문에 자신에 대해 이야기하고 싶어 하는 사람이 많은 것은 당연하다. 모두가 이야기하고 싶어하기 때문에 들어주는 사람은 적고 진중하게 생각하게 되는 것은 틀림없다.

요즘 일본에서는 사람들 앞에서 연설하는 것은 물론이고 1대 1의 일상 대화조차 제대로 하지 못하는 사람이 많아졌다고 한다.

예를 들면, 결혼 상담소 같은 데 등록하고 있는 많은 남성이 소개받은 여성과 원활한 대화를 하지 못하는 모양이다. 상대의 얼굴을 제대로 보지 못하는 사람이나 무슨 말을 해야 할지 모르고 이야기가 끊어져 버리는 사람, 일방적으로 자신의 이야기만 하고 상대의 이야기는 전혀 들으려 하지 않는 사람이 많다고 한다. 이런 사람은 대개가 내향적이고 적극성이 없어서 상대와 심정의 캐치볼을 할 수 없기 때문에 혼담도 이루어지지 않는다.

그러나 여기서 잠깐 생각해 보기 바란다. 이야기를 잘 못한다면 그것을 역으로 활용해 보면 어떨까. 다시 말해서 자신은 별로 이야기하지 않고 상대에게 많은 말을 시키면 되는 것이다. 세일즈맨은 이야기하는 것이 직업이기 때문에 유창하게 이야기하는 사람이 실적이 좋다고 생각하기 쉬운데, 실은 그렇지만도 않다. 청산 유수로 말하는 세일즈맨 중 실적이 좋은 사람은 별로 없다. 어떤 업계나 마찬가지겠지만 성적이 우수한 사람은 오히려 말수가 적고, 자신은 별로 이야기하지 않고 상대에게 이야기하게 하여 상대의 욕구를 잘 만족시켜 주는 타입의 사람이다. 정말로 많은 사람으로부터 호감을 사는 사람은 상대의 이야기를 잘 들어주는 사람이며, 이것은 일반 사람도 마찬가지이다. 자기 중심적인 수다쟁이 인간을 좋아하는 사람은 많지 않을 것이다.

그러면 상대 이야기를 잘 들어주는 사람이 되려면 어떻게 해야 할까.

예를 들어 만약 상대의 얼굴을 보았을 때 햇볕에 보기 좋게 타 있으면,

"얼굴빛이 아주 좋습니다. 취미가 골프이십니까? 한 달에 몇 번 정도 필드에 나가십니까? 최근의 베스트 스코어는 어느 정도 되십니까?"

라는 식으로, 물어보면 상대는 의기 양양해져서 이야기하기 시작할 것이다. 이야기를 잘 들어주는 사람에 대해 인간은 반드시 호의를 갖게 마련이다.

"허, 그런 일이 있습니까?"

"그거 정말 기쁘셨겠습니다."

"그때 어떻게 하셨습니까?"

라는 식으로 상대의 이야기를 들으면서 적당히 맞장구를 치는 것도 분위기를 돋구기 위해서는 대단히 중요한 것이다.

'이야기가 한층 더 활기 띠는 다섯 가지 맞장구 치는 법'을 소개한다.

### ① 동의를 표현하는 것

"오늘은 몹시 덥군요."라는 말을 해 왔을 때

"정말 덥군요."라고 대답한다.

### ② 동의를 다른 말로 바꿔 표현하는 것

"오늘은 35도나 올라간다던데요."

(a) "에어컨이 활기를 띠겠군요."

(b) "초목이 시들어 버리겠습니다."

### ③ 놀라움, 감탄의 말

"대단하군요. 무섭지 않으셨습니까?"

### ④ 의문을 나타내는 것

"설마…… 믿을 수 없습니다! 정말입니까?"
"그런 일도 있습니까?"

### ⑤ 그 다음 이야기를 재촉하는 것

"그래서 어떻게 됐습니까?"
"그래, 그때 뭐라고 말하셨습니까?"

상대에게 이야기시키는 비율은 전체의 70퍼센트 정도로 하고 자신은 30퍼센트 정도 이야기하도록 하면 대화가 자연스럽게 이루어질 것이다. 또 화제가 막히면 다음과 같은 말을 참고로 하여 생각해내면 좋을 것이다.

1. 유행, 지금 유행하고 있는 것
2. 동료
3. 취미
4. 상대의 가족
5. 여행
6. 기후
7. 건강

8. 운동, 스포츠
9. 일, 업무
10. 통신, 텔레비전, 인터넷
    그리고 의, 식, 주.

남의 이야기를 잘 듣는다는 것은 상대로부터 호감을 사는 것이기 때문에 자연히 인간관계가 좋아진다. 게다가 자신이 모르는 지식도 많이 얻을 수 있다. 실로 일석이조라고 할 수 있다.

중국에는 '바보일수록 잘 지껄인다'라는 속담이 있는데, 여러분은 현명하게 '상대에게 이야기를 잘 시키고, 상대 이야기를 잘 들어주는 사람'이 되기 바란다.

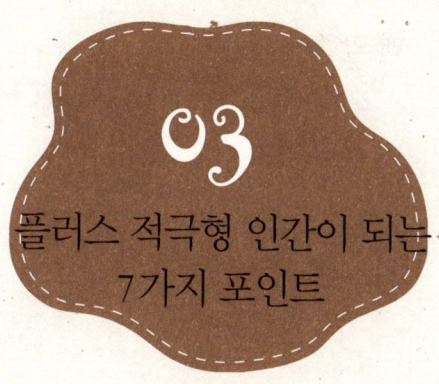

# 03 플러스 적극형 인간이 되는 7가지 포인트

1. 맨 앞줄에 앉는다

2. 좋은 마음의 습관을 기른다

3. 꾸짖어 준 사람에게 감사하라

4. 실패를 계기로 하고자 하는 의욕을 갖는다

5. 어떻게 하면 할 수 있는가를 생각한다

6. 곤란은 필요한 것이라고 생각한다

7. 타인 긍정, 자기 긍정을 한다

# 1 맨 앞줄에 앉는다
— 소극적 행동을 취하고 있으면 삶이 풍부하게 될 리가 없다

::미국에서 평생교육에 종사하고 있는 유명한 봅 콘크린 씨는,

"강연회나 세미나에서 맨 앞줄에 앉아 있는 사람과 뒤쪽에 있는 사람은 수입이 전혀 다르다는 것을 알고 있습니까? 내 경험에 의하면 몇 배의 차이가 있습니다. 물론 앞쪽이 많습니다."

라고 말하고 있다.

일본에서도 관리자와 연수에 참가하고 있는 사람 중 앞에 앉는 사람과 뒤에 앉는 사람은 수입이 30퍼센트나 다르다는 조사 결과가 있다. 더구나 케이오 대학(慶應大學) 경제학부의 O교수는 오랫동안 학생들을 관찰하여 항상 앞쪽 좌석에 앉는 학생은 사회에 나가서 '반드시' 라고 할 수 있을 정도로 성공하고 있다고 말하고 있다.

나도 여기에 전적으로 동감이다. 내 강좌에서도 항상 앞에 앉는 수강자와 늘 뒤에 앉는 수강자는 스피치의 진보 정도가 훨씬 다르다. 수료 시에 교실 대표의 스피치 콩쿠르를 하는데, 대표로 선출되는 사람은 으레 앞에 앉아 있던 사람들이다. 이것은 매사에 도전할 때의 자세가 결과로써 나타나게 되기 때문이다.

그런데 여러분은 플러스 적극형 인간인가? 아니면 마이너스 소극형 인간인가? 나는 일본인은 압도적으로 마이너스 소극형 인간이 많다고 생각한다. 예를 들면,

"나는 선천적으로 머리가 나쁘다."
"집이 가난하기 때문에 좋은 학교에 가지 못했다."
"남 앞으로 나가면 긴장해서 흥분하게 된다."
"말이 서툴러서 이야기가 재미없다."
"일을 하고 있어도 실수만 하고 있다."
"만약 회사가 도산하면 어떡하지."
"구조 조정에 끼게 되면 새 취직 자리를 찾을 수 있을까."
"이제 곧 내지진이 일어나지 않을까."
"요즘 몸 컨디션이 나쁜데 혹시 암은 아닐까."

플러스 적극형 인간이 되는 7가지 포인트 · 99

라는 식으로 늘 뭔가 스스로 걱정거리를 만든다. 이것은 모두 마이너스 사고로, 사서 걱정한다는 것이다.

아무리 건강에 신경을 쓰고 있어도 암에 걸리려면 걸리는 것이고, 천재 지변은 인력으로는 피할 수 없는 것이기 때문에 아무리 지진을 두려워하더라도 지진이 일어날 때는 일어난다. 사람은 아무리 훌륭한 사람이라도 반드시 죽는다. 그것은 늦게 죽느냐 일찍 죽느냐의 차이일 뿐이다. 그러므로 최악의 사태를 각오하고 결심하면 대개의 일은 두렵지 않게 되고 과감한 행동을 할 수 있다.

"암 세포 따윈 내 백혈구로 전부 죽여버릴 거다. 암 따위에 질 성 싶은가."

"지진이 일어나도 나만은 무슨 일이 있어도 죽지 않는다."

라는 강한 마음을 갖는 것이 중요하다.

하늘은 인간이 밝게, 즐겁게, 행복하게 살기 위해 이 세상에 태어나게 해주었는데 인간 스스로가 멋대로 마이너스 소극 사고를 하여 불행, 불우를 자초하고 있다.

예를 들면, 사원 전원이 모인 조례에서 사장이,

"일본에서 입신 출세가 가장 빠른 사람은 누구라고 생각하는가?"

하고 사원에게 물었다고 하자. 그런 때 당신은 자청해서 손을 들어, "내 의견을 말씀드리겠습니다."

하고 적극적으로 발언하겠는가. 대부분의 사람이 손을 들지 못하고 고개를 숙이고 잠자코 있을 것이다.

'나와는 관계없어.'

'내가 말하지 않아도 누군가 말하겠지.'

이것은 마이너스 소극적 사고의 전형이다.

이런 나약한 것밖에 생각하지 못하기 때문에 눈에 띠지 못하고 인정을 받지 못한다. 또 이런 사람은 밤에 아무도 없는 방에 전기가 휘황찬란하게 켜져 있어도,

"내가 켠 것이 아니니까 관계없어."

하고 끄지도 않을 것이다. 그리고 아무도 없는 사무실에서 전화벨이 울리고 있어도,

"내 일이 아니니까 받을 것 없다."

하고 받지도 않을 것이다.

이런 소극적이고 패기가 없는 무기력한 인간이 일은 얼마나 하겠는가는 뻔한 일이다.

비록 손을 드는 사람이 하나도 없어도

"내가 말하지 않고 누가 말하겠는가."

"내가 하지 않고 누가 하겠는가."

하고 적극적으로 손을 드는 것이 성공의 첫걸음이다.

회사의 여행이나 파티 등에서 찍은 사진을 보면 여러분이 어떤 타입의 인간인가를 곧 알 수 있다. 만약 한복판의 두드러지는 곳에 있으면 적극적 인간, 항상 뒤 모퉁이에 찍혀 있다면 틀림없이 소극적 인간이라고 인정하지 않으면 안 된다.

세미나나 연수회 등에서는 제일 앞에 앉고, 회사에는 제일 일찍 출근하라. 만약 여러분이 많은 수입을 얻고 싶다, 성공하고 싶다, 남에게서 인정을 받고 싶다고 생각한다면 적극성이 없는 자신과 이별하는 것이다. 소극적 행동을 취하고 있으면 삶이 풍부하게 될 리가 없다.

## 좋은 마음의 습관을 기른다
— 무슨 일에 대해서도 밝고 좋은 사고 방식을
갖는 플러스 적극형 인간이 되는 것

∷ 누구에게나 적어도(아무리 없다고 해도) 7가지 버릇이 있고, 많다고 하면 48가지 버릇이 있다는 말이 있다. 글을 쓰는 데도 버릇이 있고, 구두 뒤꿈치가 닳는 데도 버릇이 있고, 차를 운전하는 데도 사람마다 버릇이 있다. 여기서 두 손을 가볍게 가슴 앞에서 팔짱을 끼어 보자. 당신은 어느 쪽 손의 엄지손가락이 위로 나와 있는가. 오른쪽이라는 사람도 왼쪽이라는 사람도 있을 것이다. 그리고 이번에는 손을 반대로 바꿔 팔짱을 끼어 보자. 왠지 남의 손을 쥐고 있는 것 같은 어색한 느낌이 들 것이다. 처음에 팔짱 낀 것이 당신의 버릇이고, 이것은 차분한 느낌이다. 손가락을 깍지 끼는 것 하나에도 버릇이 있다고 한다.

나는 강의할 때 반드시 이것을 화술 교실의 수강자에게

해보도록 하고 있다. 그러고는,

"어느 쪽 손의 엄지손가락이 위로 와 있습니까?"

하고 물어보는데, 처음엔 대부분의 사람이 대답을 하지 않는다.

"남이 묻는데 대답을 하지 않는 경우가 있는가. 대답을 하지 않는다는 것은 상대를 무시하는 것으로, 상대의 분노를 사는 데 이렇게 빠른 방법은 없다. 인간관계에 금을 긋고 싶으면 대답하지 말라."

하고 나는 엄히 말하고 나서 다시 한 번 팔짱을 끼게 하고 같은 질문을 한다. 그러면 이번에는 대부분의 사람이 오른쪽이다, 왼쪽이다 하고 대답한다.

이때 대답하는 사람은 솔직하고 플러스 사고를 할 수 있는 사람이다. 그런데 이렇게 말하는데도 여전히 대답을 하지 않는 사람이 있다. 마이너스 사고로, 솔직히 될 수 없는 사람이 호감을 살 리 없다.

이와 같이 습관이나 버릇이라는 것은 몸짓뿐만 아니라 그 사람이 무엇을 생각하는 방법에도 있는 것이다. 그리고 그것은 여러분 생활의 다방면에 나타나게 된다.

예를 들면, 당신이 위스키를 좋아해서 매일 밤 집에서 언더락을 혼자서 두어 잔 마시는 것을 낙으로 삼고 있다고

치자. 그런데 어느 날 문득 깨닫고 보니 위스키가 병의 절반 정도가 되어 있었다. 이런 때 당신은 어떻게 생각하는가. '아직 절반 남아 있다. 당분간은 즐길 수 있겠다.' 하고 생각하는 사람도 있는가 하면, '어! 벌써 절반이나 마셨나, 혼자서 이렇게 마셨나? 누가 훔쳐 마신 것은 아닐까' 하고 생각하는 사람도 있을 것이다. 어느 쪽이 자신에게 행복을 가져다 주는 마음을 갖는 방법인가는 말할 것도 없을 것이다.

1년의 4계절의 변화를 보고,

"봄은 꽃, 여름은 두견, 가을은 달, 겨울은 설경의 뜬세상이구나."

라는 노래를 읊은 사람이 있다. 이 가인처럼 세상이라는 것은 얼마나 멋진 것일까, 1년 내내 낙이 있다고 매일을 마음 즐겁게 생활할 수 있는 사람도 있는가 하면,

"봄에 꽃이 피고 지고, 가을이면 만월 후에는 달이 점점 가늘어지는 쓰라린 세상이구나"

라는 노래를 읊은 사람도 있다.

이 가인처럼 세상은 얼마나 보잘것없는 것인가, 꽃이 피었다 해도 곧 져버리고, 만월이 되어도 곧 가늘어져 버린다고 불평 불만만을 마음에 품고서 매일을 덧없이 살아가는

사람도 있다. 인간은 마음 둘 곳, 즉 자신의 사고방식 하나로 세상이 천국도 되고, 지옥이 되기도 한다.

구조조정으로 일하고 싶어도 일할 수 없는 사람도 있는데 자신은 회사가 있고 일이 있으니 얼마나 행복한가 하고 생각하면 일은 '즐거움'이 되지만, 상사에게 잔소리만 듣고 정말 귀찮지만 목구멍이 포도청이라 일을 하지 않으면 안 된다고 마지못해 일하면 '괴로움'이 된다.

나무라는 것은 눈에 보이는 가지와 잎사귀가 아무리 훌륭해도 눈에 보이지 않는 뿌리가 썩어 있다면 바람이 약간만 불어도 쓰러져 버린다. 반대로 눈에 보이는 가지와 잎사귀는 다 떨어지고 없어도 뿌리가 단단히 박혀 있다면 이듬해 봄 새싹이 돋아난다. 눈에 보이지 않는 뿌리, 마음의 뿌리가 단단히 박혀 있으면 새싹이 끊이지 않고 솟아나게 된다. 중요한 것은 눈에 보이지 않는 뿌리, 즉 마음의 뿌리다. 마음을 어떻게 갖는가가 전부 여러분의 말이나 행동의 바탕이 되고 그것이 나타나게 되는 것이니, 무슨 일에 대해서도 밝고 좋은 사고 방식을 갖는 플러스 적극형 인간이 되는 것, 이것이 몸에 배어 있으면 여러분의 인생은 더없이 즐겁게 될 것이다.

## 행복을 만드는 마음의 습관과 불행하게 되는 마음의 습관

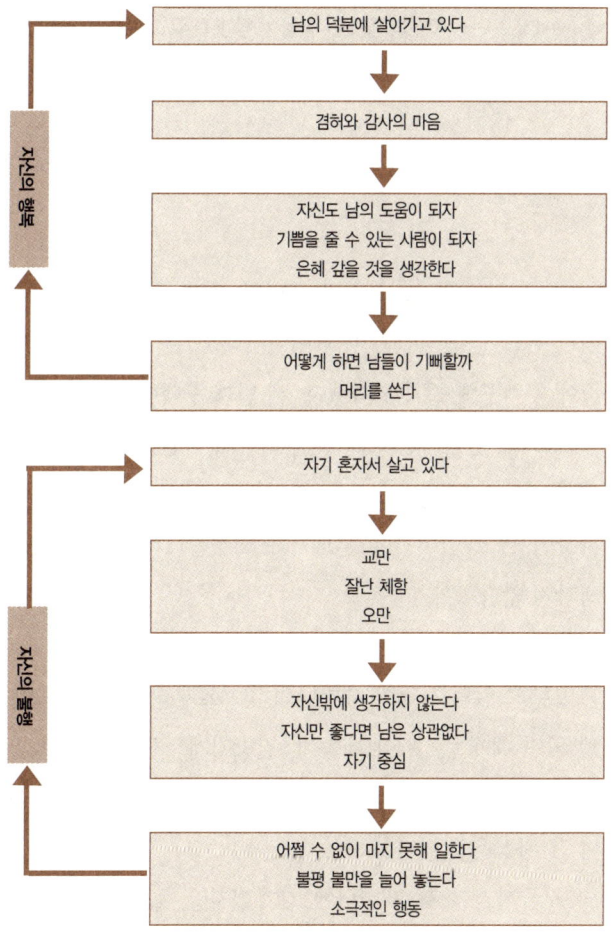

## 꾸짖어 준 사람에게 감사하라
― 자신의 잘못된 점을 깨닫게 해주고 가르쳐 주는 것

∷ 일본 말 표현법 센터의 '3일 간 세미나'에 참석한 어느 상장 기업의 사장 이야기다. 그는 하필이면 수업 중에 꾸뻑꾸뻑 졸기 시작했다. 세 번째 꾸뻑했을 때 나는,

"○○씨 일어서십시오. 당신 회사의 직원들은 지금 직장에서 일하고 있지 않습니까. 직원이 열심히 일하고 있을 때 사장이 졸고 있어서야 본보기가 되겠습니까. 미안하다고 생각지 않습니까."

하고 엄한 말투로 말했다.

일류 기업의 사장이 세미나의 강사로부터 이런 말을 듣게 되면 대개는, '뭐야 네놈이, 건방지게.' 하고 생각할 것임에 틀림없다. 개중에는 돌아가 버리는 사람도 있다. 그러나 그 사장은 달랐다.

"지금까지 여러 세미나에 참가했지만, 졸든 한눈 팔든

이런 말을 들은 적이 없소이다. 이렇게 진지하게 꾸짖어 주는 선생이라면 진짜일게요."

라고 말하는 것이었다. 그리고 그 이후 400명 이상의 직원을 10년에 걸쳐 세미나에 참가시켜 주었다.

훌륭한 인격의 소유자일수록 남에게 주의를 듣거나 꾸지람을 듣게 되면 감사하는 마음을 갖는다. 그리고 수준이 낮은 인간일수록 뾰로퉁해져서 오히려 꾸짖은 상대를 원망한다. 누군가를 꾸짖으려면 상당한 에너지가 필요하다. 잠자코 있는 것이 얼마나 편한지 모른다. 꾸짖는다는 것은 그 상대에 대해 애정을 가지고 있다는 것이다. 잘 되라고 생각하기 때문에 직언하는 것이다.

프로 야구의 한 명감독에게 들은 이야기다.

"단련시키면 뛰어난 선수가 될 것 같다고 생각하는 선수는 조금만 훈련을 등한시해도 그라운드를 50바퀴, 100바퀴나 달리게 하죠. 기절해서 쓰러지면 물을 끼얹고 다시 돌게 합니다. 그것은 그 선수가 미워서가 아닙니다. 어떻게든 훌륭한 선수로 만들어 주고 싶기 때문에 그렇게 하는 겁니다. 그러나 그런 때 토라지는 녀석에게는 두 번 다시 아무 말도 하지 않죠. 하고 싶은 대로 내버려두는 대신 시합에는 기용하지 않는 겁니다. 시합에 나가지 못하면 결국 해고당하게 되는 거죠."

회사에 3분 지각했을 때 아무 말도 하지 않고 잠자코 있는 상사는 부하 직원에게 애정을 가지고 있지 않기 때문이다. 시간을 지킨다는 것은 사회에서 신뢰 관계를 구축해 가는 데 있어서 가장 기본이 되기 때문에, 만약 부하 직원에 대해 애정을 가지고 있다면 틀림없이 표정이 험악해지면서,

"지금이 어느 땐데 지각을 하나. 해이해져 있는 증거다!"

하고 호통을 쳐야 할 것이다.

이때 꾸지람 들은 사람이 밝고 좋은 사고방식의 사람이라면,

"죄송합니다. 두 번 다시 지각하지 않도록 조심하겠습니다."

하고 정확히 사과와 감사하는 말을 하고 다음날부터는 늦지 않도록 조심할 것이고, 보다 깊이 반성하면 그 후로는 누구보다 빨리 회사에 출근하여 다른 사람의 책상까지 걸레질할지도 모른다. 이와 같이 직언에 귀를 기울여 자신의 실수를 반성하고 행동을 고칠 수 있는 사람은 반드시 인정받게 된다. 지각을 했다는 것은 마이너스지만, 그것을 계기로 어떻게 플러스로 전환해 갈 것인가가 중요한 것이다.

잘못을 꾸짖어 준다는 것은 자신의 미흡한 점을 깨닫게 해주고 가르쳐 주는 것이기 때문에 이렇게 고마운 일이 없다. 여러분은 상사나 부모, 손님으로부터 꾸지람 들었을 때 '나의 미흡한 점을 가르쳐 줘서 고맙습니다.' 하고 생각하고 말로 그 고마움을 표현하고 있는가. 꾸짖어 주는 사람은 고마운 사람이다. 자신에게 애정을 가지고 있기 때문에 꾸짖어 준다는 것을 아무쪼록 잊지 말기 바란다.

 # 실패를 계기로 하고자 하는 의욕을 갖는다
**— 다른 각도에서 일을 생각해 보는 것도 필요하다**

::당신은 본사의 영업 부장으로서 화려하게 활약을 하고 있었다. 그런데 어느 날 회사의 인사 이동이 발표되어 지방의 영업 소장으로 전근 발령되었다. 이른바 좌천이다. 그런데 이런 경우 당신이라면 어떤 생각을 하게 될까.

"출세길은 막혔다. 인생 막 내렸다. 이제 틀렸다."

생각하고 침울해져 자포자기가 되거나 혹은 충격으로 누워 버릴는지도 모른다. 대부분의 사람이 그럴 것이고 그런 입장이 되면 나도 마찬가지로 그렇게 될 것이라 생각한다.

그러나 잠깐 생각을 바꿔 보자. 지방으로 좌천되었다고 해도 건강한 몸만 있으면 인생이 끝장나는 것은 아니다. 출세의 앞길이 막혔다고 생각하지만 자신이 그렇게 믿고 있을 뿐이지 현실적 근거는 없다. 인간이라는 것은 그런 상황이 되면 당황하여 어찌할 바를 몰라 종종 논리적 사고를 잃어버리고 마는 것이다.

좌천되었다는 사실에 대해서 '이제 틀렸다' 하고 비논리적으로 받아들여서 자포자기 할 것인가. 이런 때 '이제 틀렸다' 하고 생각하기 전에 틀렸다고 하는 과학적 근거가 있는지 없는지 잠시 생각해 보는 것이다. 그리고 또 한 가지, 다른 각도에서 일을 생각해 보는 것도 필요하다.

낯선 고장으로 가면 새로운 경치도 볼 수 있고, 새로운 인간관계도 생긴다. 지금까지 먹어 본 일이 없는 음식을 먹을 수 있게 될 것이다. 일이 적어지면 시간이 생긴다. 좋아하는 취미 생활도 할 수 있다. 책도 충분히 읽을 수 있다. 그런 식으로 생각하면 앞날이 즐거워질 것이고 기운도 나서 쾌활해진다.

혹은 좌천된 것을 전기로 새로운 직장을 찾는 수도 있다. 지금까지보다 더 좋은 일, 근사한 사람과 만날 수 있는 기회인지도 모른다. 이것이야말로 플러스 적극형 사고다. 불행이라는 것은 외부에서 오는 것이 아니라 자신의 마음속에서 생기는 것이다.

연설하려는 순간 긴장한 나머지 머릿속이 멍해지고 이야기할 것을 완전히 잊어버려 쩔쩔맬 경우, '나는 틀린 인간이다,' '항상 실패만 한다,' '무슨 일을 해도 잘 안 된다' 하고 생각하여 자신을 잃어버리고 적극성이 없어져 점점 어두워진다면 이것은 마이너스 소극형 인간이다.

이런 때도 플러스 적극형 인간은 실패한 것을 계기로 '좋다, 이것을 기회로 화법 교실에 가서 공부하자,' '다음에는 좀더 준비하여 다시 도전해 보자' 하고 생각하고, 이야기하는 데 적극적이 되고, 하고자 하는 마음도 생기게 되는 것이다.

# 어떻게 하면 할 수 있는가를 생각한다
— 인간이라는 것은 할 수 없는 이유를 찾아 곧 체념해 버리곤 한다

::하나의 실험을 해 보도록 하자. 이것은 진자(흔들이) 실험이다.

① 5엔 동전을 30센티미터 정도의 면실로 묶는다.
② 자세를 바르게 하여 심호흡을 하고 마음을 가라앉힌다.
③ 5엔 동전을 묶은 실 끝을 한쪽 손에 들고 손가락을 눈 높이까지 올린다.
④ 5엔 동전을 움직이지 않도록 정지시킨다.
⑤ 정지시킨 5엔 동전을 응시한다.
⑥ 온 정신을 5엔 동전에 집중하여,

"5엔 동전이 옆으로 흔들린다. 자, 흔들린다. 사, 흔들린다. 자, 흔들린다. 좀더 흔들린다. 부지런히 움직인다. 크게 흔들린다. 크게 흔들린다."하고 소리내서 몇 번이고 말한다.

어떨까, 정지해 있던 5엔 동전이 서서히 흔들리기 시작하다가 크게 흔들리게 되면 다음에는 세로, 다음에는 둥글게 움직여 보자.

이 실험에서 90퍼센트의 사람들은 5엔 동전을 움직이게 할 수 있지만 개중에는 움직이지 않는다는 사람들도 있다. 이런 사람들은 집중력이 부족한 사람들로, 잡념에 젖어 있으면 동전은 절대로 움직이지 않는다. 자신이 한 가지 일에 정신을 집중할 수 있는 사람인지, 집중력이 산만한 사람인지를 판단하는 정신력 테스트로써 해보면 재미있다.

다만 처음에 움직이지 않았다고 해서 비관할 것은 없다. 잠시 사이를 두고 2, 3번 연습하면 대개의 사람이 할 수 있게 된다. 이것은 무엇을 의미하는 것일까. 인간의 몸이라는 것은 말대로 반응해서 움직인다는 증거이다. 골프를 하는 사람은 이러한 경험이 있을 것이다.

'아니, 이상한 데 연못이 있잖아. 제발 들어가지 않았으면 좋겠는데.'

라고 생각하고 공을 치면 대개 연못으로 들어가 버린다.

이와는 반대로, 긴 거리의 퍼트지만 들어갈 수 있다고 생각하고 퍼팅하면 신기하게 들어간다.

할 수 있다고 생각하면 할 수 있고, 할 수 없다고 생각하면 할 수 없게 되기 때문에 말이라는 것은 실로 무서운 힘을 가지고 있다고 말할 수 있다.

'나는 긴장하는 버릇이 있는데 오늘도 긴장하게 될까.'

하고 생각하면 반드시 긴장한다.

'실패하면 어떻게 할까.'

하고 생각하면 대체로 실패한다.

말이나 생각대로 현실의 모습이 나타나게 되기 때문에 부정적인 말은 절대로 사용해서는 안 된다.

내 화술 강좌에 나오던 보험 대리점의 사장이 부하 직원에게,

"B회사에 가서 보험 계약을 해 오게."

하고 말하자,

"거기는 ○○화재와 몇 십 년이나 거래하고 있기 때문에 상대해 주지 않습니다."

라는 대답을 했다. 이 사장은 내 말을 들은 직후였기 때문에,

"가지도 않고 될지 안 될지 어떻게 아나. 나도 함께 갈 테니까 따라 와!"

하고 말하고 재빨리 B회사로 가서 담당자를 만났다. 그러자,

"○○화재와는 오랫동안 거래해 왔는데 요즘에 와서 점점 버릇이 없어져서 부탁한 일도 해주지 않습니다. 그래서 슬슬 다른 데로 바꿀까 하고 생각하고 있던 참입니다."

라는 대답이 돌아왔다.

"저희는 성심 성의껏 해드리겠습니다. 아무쪼록 잘 부탁합니다."

하고 정중히 부탁하였더니, 그 결과 수 억 엔의 계약을 하게 되었다.

인간이라는 것은 종종 할 수 없는 이유를 찾아 곧 체념해 버리곤 한다. 만약 당신이 '할 수 없다', '무리다', '불가능하다'라는 말을 사용하고 있다면, 오늘 이 순간부터 일절 사용하지 말라. 그 대신에 오로지 '어떻게 하면 할 수 있을까'를 생각하는 것이다.

# 6 곤란은 필요한 것이라고 생각한다
— 병이나 고난은 하늘에서의 편지라고 생각하라

∷ 인간 사회는 사고 팔고(四苦八苦: 생로병사(生老病死)의 사고와 애별리고(愛別離苦), 원증회고(怨憎會苦), 구부득고(求不得苦), 오온성고(五蘊盛苦)의 네 가지를 더한 여덟 가지 고통), 고생의 사바(娑婆)라고 한다. 사람은 여러 가지 고민, 고통을 가지고 생활하고 있는데, 이 중에서도 육체적 고통(병)과 경제적 고통은 크건 작건 누구나가 한 번은 체험할 것이다.

나는 약 30년 전부터 당뇨병에 걸렸고, 5년 전에는 폴립이 생겼고, 3년 전에는 바로 심근 경색으로 쓰러지기도 했다. 당뇨병이라는 것은 미식만 하고 몸을 충분히 움직이지 않기 때문에 걸리는 병이다. 이것은 좀더 소식을 하고 운동하라, 자동차만 타고 다니지 말고 좀더 걸어라 하는 하늘에서의 가르침이었을 것이다. 목의 폴립(점막, 피부 따위에 돌출하는 종류)은 내가 소리를 너무 내기 때문에 조금 적당히 내라고 하는 것이고, 심근 경색만 하더라도 50년 이상 일만 해왔기 때문에 이제 휴양을 취하라 하는 의미인지도 모른다.

나는 당뇨병 치료를 위해 하루 30분에서 1시간 가까이 매일 빠뜨리지 않고 걸었다. 덕분에 체력이 붙고 골프의 샷 거리가 훨씬 늘었다. 폴립이나 심근 경색이 되었을 때도 수술을 하여야 했었는데, 고혈압, 당뇨, 신장, 고지혈증이라는 여러 가지 병이 있었기 때문에 결과적으로는 수술을 하지 않았다. 얼마 지나자 폴립은 자연히 없어졌다. 심근 경색으로 심장이 절반 괴사해 버렸기 때문에 한때는 이제 틀렸구나 하고 생각했는데 걷기 덕분에 지금까지 건강하게 활약하고 있다.

목소리는 아직 20대 젊은이 못잖은 박력이 있다. 이것은, '너는 말 표현이 서툴러서 불행을 초래하고 있는 사람의 도움이 되라.' 하는 하늘의 소리일 것이다.

경제적인 고통도 그렇다. '이 자에게 많은 돈과 시간을 주면 맛있는 것만 먹고, 여성과 놀기만 하기 때문에 제대로 된 일 하나 하지 못할 것이다.' 하고 하늘이 생각하고 있기 때문에 돈을 내려 주지 않는 것이다. 뿐만 아니라 지금껏 빚을 지고 있다면, '빚을 지고 있으면 싫어도 일하지 않으면 안 될 것이다.'라는 하늘의 뜻인지도 모른다. 나는 고맙게도 현재는 먹는 데 곤란을 느끼지 않는다.

인간은 태어날 때 벌거숭이다. 죽을 때도 벌거숭이. 비록 몇 백억이라는 돈을 가지고 있은들 저 세상으로 가지고 가지 못한다고 생각하면 돈이 없는 것을 별로 고통스럽게 생각지 않게 될 것이다. 자신에게 생긴 병이라든가 경제적 고난은 자신의 눈을 깨우치기 위한 필연적인 것이라 생각해 보라. 그리고 하늘은 그 사람이 견딜 수 없는 고난은 결코 주지 않는다는 것도 알아두어야 할 것이다.

비록 나와 같이 심장이 절반이 되었더라도 아직 살아가고 있으니 경제적인 곤란에 부딪쳐도 먹을 수 있을 정도는 어떻게 될 것이다 하고 만일의 사태를 각오하여 결심하라. 하늘은 하늘이 요구하는 플러스 적극형 사고를 하고 있으면 언젠가 반드시 도와준다. 병이나 고난은 하늘에서의 편지라고 생각하고, 고통을 감사하게 받아들일 줄 아는 마음이 필요하다.

# 7 타인 긍정, 자기 긍정을 한다
— 잠재의식 속에 들어간 것은 반드시 현실의 자리에 나타난다

::오사카의 천리 뉴타운에서는 사람은 하루에 어느 정도나 마이너스 말을 사용하고 있는지를 조사 했다. 결과를 보면 평균 1인이 하루 213회라는 숫자가 나왔다고 한다. 이 숫자를 보고 나는 깜짝 놀라 약간 과다한 것이 아닌가 하고 생각했는데, 그렇게도 많이 사용하고 있다는 것이다.

예를 들면, 아침에 어머니가 아이에게 말한다.

"애야, 빨리 일어나라. 몇 시까지 자고 있을 거냐. 언제나 깨우지 않으면 일어나지 않으니 어떡하면 좋으니. 일어나 빨리 세수해라. 눈에 눈곱이 붙어 있잖아! 밥 먹을 때는 반듯하게 앉아서 흘리지 않도록 먹는 거다. 애, 밥알이 얼굴에 묻어 있잖니. 반찬을 골라 먹지 말고 이것저것 골고루

먹어야 하는 거야. 옷에 단추 하나가 안 채워졌구나. 학교에 가지고 가는 거는 다 챙겼니? 손수건을 잊었구나. 도대체 무슨 일을 해도 이 애는 굼뜨고 꾸물거린다니까. 누굴 닮아서 이 모양인지 원!"

라고 말하고 남편의 얼굴을 본다. 학교에서 돌아오면,

"왜 이렇게 늦었니. 돌아오는 길에 한눈 팔면 못 쓴다. 시험 성적은 어떻게 됐니? 아니 15점이 뭐냐? 넌 도대체 왜 이렇게 머리가 나쁜 거니. 남보다 머리가 나쁘니까 게임만 하고 있으면 안 된단 말이야!"

라고 야단친다. 이른바 마이너스 말의 연발이다.

"안 돼."

라는 말은 하루에 몇 번 나올까. 상사가 부하 직원에게 이렇게 말한다.

"무슨 일을 시켜도 할 수 없으니, 자네란 사람은 정말 안 되겠어."

"나잇살이나 먹고 이런 것도 모르나."

"몇 번 말하면 할 수 있겠나."

"자네란 사람은 정말 쓸모가 없어."

"전혀 도움이 안 돼."

끝내는 '얼빠진 녀석!', '얼간이', '멍청이' 하고 남을 부정하는 말을 몇 번이고 사용한다. 이런 말을 듣게 되면 이것이 전부 그 말을 들은 사람의 잠재의식 속에 배어 버린다. 이것이 무서운 것이다.

잠재의식 속에 들어간 것은 반드시 현실의 자리에 나타나기 때문이다. 탤런트 앗다 아키고(和戰アキコ) 씨나 야구 평론가 에가와 타구(江川卓) 씨는 강아지를 보면 무서워서 도망친다. 이것은 어렸을 때 물렸거나 쫓겼던 경험이 잠재의식 속에 배어 있기 때문이다. 좋은 인간관계를 구축하고 싶다면 타인을 부정하는 말을 결코 해서는 안 된다.

어렸을 때 부모로부터 이런 부정적인 말을 계속 듣게 되면 어른이 되어서도 '나는 머리가 나쁘다', '무슨 일을 해도 잘 안 된다', '남 앞에 나가면 곧 긴장된다'라고 자기 부정을 하는 것이 버릇이 되어서 언제까지나 자신감을 가질 수 없는 인간이 되어 버린다. 학교 성적이 나빠도 사회에 나가 도움이 되는 사람도 많이 있다. 어렸을 때의 시험 성적이 나빠도 부모는 화내지 말고,

"0점 맞았구나. 하지만 앞으로 희망을 가질 수 있으니까 충분히 올라갈 수 있을 거다."

하고 밝게 말해 주면 된다.

그 한마디가 얼마나 아이의 마음을 풍부하게 하는지 모

른다.

여러분에게 부하 직원이 있다면 '자네가 아니면 안 돼', '자네라면 할 수 있어', '기대하고 있겠네'라는 말을 많이 하도록 하라. 또 자기 자신에게도, '오늘은 날씨가 좋은 걸 보니 좋은 일이 있겠다', '오늘은 기분이 좋으니 일은 틀림없이 성공할 거다', '나라면 할 수 있다', '하면 된다', '나는 운이 좋다', '오늘도 발랄하게 하루를 일할 수 있어 즐겁다', '나는 행복하다'라고 생각해 보는 것은 어떨까.

또 여성이라면 거울을 보며 '나는 젊다', '나는 마음도 얼굴도 아름답다', 하고 몇 번이고 자기 자신에게 암시하면 정말로 젊고 아름답게 빛나게 된다. 이것을 피그말리온(Pygmalion: 그리스 전설 속의 키프로스 섬의 왕. 자기가 만든 조각상을 사랑했기 때문에 아프로디테가 이것에 생명을 주어 아내로 삼게 했다고 한다) 효과라 한다.

타인을 긍정하고, 또 자신까지도 긍정하는 말을 될 수 있는 한 많이 사용할 것. 이것이 플러스 적극형 인간을 만들어내는 하나의 열쇠이다.

# 04
## 비즈니스로 성공하는 7가지 조건

1. 자신의 사명을 인식한다

2. 표현 능력을 연마한다

3. 시간과 약속은 죽을 각오로 지킨다

4. 샐러리맨 근성을 버린다

5. 복창은 필수조건

6. 보고를 잘 하는 사람이 인정받는다

7. 커뮤니케이션의 포인트

# 자신의 사명을 인식한다
— 직원은 이익을 가져올 의무가 있다는 것을 잊어서는 안 된다

∷ 사원은 회사에 대해 어떤 의무를 가지고 있는가를 생각한 적이 있는가. 내가 세미나의 참가자에게 이 질문을 해 보았더니, 지금까지 한 번도 그것에 대해 생각한 적이 없다는 사람이 생각보다 많았다. 생존 경쟁의 치열한 이 시대에 이런 한가한 의식으로 괜찮단 말인가?

회사라는 것은 이익을 실현하기 위한 집단이다. 그렇다면 사원은 회사에 이익을 가져다 줄 의무가 있다. 그 정도는 최소한 분명히 자각하고 일을 해야 한다. 일반적으로 한 사원이 회사에서 받고 있는 급료의 적어도 3배, 가능하면 5배 정도를 벌지 못하면 경영을 할 수 없다고 한다.

구입 가격은 될 수 있는 한 싸게 하고, 매상을 증가시키고, 경비를 절감하는 것이 회사에 이익을 가져다 주기 위한

3대 원칙이다. 영업 사원으로서는 매상을 증가하는 것이 제일의 의무라고 말할 수 있을 것이다. 그런데 이 매상을 증가시키기 위해 제일 효과적인 수단이라 할 수 있는 말, 표현법(화술)을 연구하려고 하지 않는 사람이 많은 것은 무슨 까닭일까? 같은 물품을 같은 값으로 팔면서 어떤 사람은 100개를 팔고 어떤 사람은 10개밖에 팔지 못하는 경우가 흔히 있는데, 어떤 점이 다를까? 대답은 간단하다. 말 표현법이 다르다는 것이다.

여름이 되면 호프집에 많은 손님이 모인다.

"맥주 한 잔!"

하고 주문한다.

이런 때, 말 표현이 서투른 웨이터는,

"500cc입니까, 1000cc입니까?"

하고 일부러 묻는다.

그러면 손님은, '오늘은 주머니 사정이 좋지 않으니 작은 걸로 할까.' 하는 생각을 하게 되고,

"작은 걸로."

하는 대답이 나온다.

말 표현을 잘 하는 사람은 이런 질문은 절대로 하지 않는다.

"감사합니다. 1000cc 올리겠습니다!"

하고 위세 당당하게 대답한다.

손님은 너무 위세 당당한 웨이터에게 끌려서 아무 생각도 못하고 '응' 하고 대답해 버린다.

상대가 밝게 대답했을 때 그것을 부정하는 것은 상대에게 미안할 것 같다는 느낌이 들어서 마음이 편치 못하지만, 긍정하는 것은 상대가 기뻐하기 때문에 마음이 편한 것이다. 이렇게 대답하는 방법 하나로 매상에 큰 차이가 나게 된다는 것이다.

다음은 경비 절감에 대해서 생각해 보자. 대부분의 사람은 경비를 억제하는 것이 이익을 확보하는 것이라 생각한 적이 없기 때문에 머리 한 구석에 두지 않는다. 때문에 가는 곳마다 태연히 경비를 낭비하여 회사의 이익을 축내고 있는 것이다.

텔레미터라는 기기를 전기 메이커의 영업부에 달아 보았다. 이 기기는 택시의 요금 미터와 같은 것이어서 통화 중의 요금이 10엔, 20엔 하고 디스플레이에 표시된다. 그때까지 그 영업부에서는 14, 5명의 직원이 사용한 전화 요금이 월 480만 엔이나 나왔었다.

그런데 이 텔레미터를 사용한 후에는 어떤 변화가 일어

났을까. 어떻게 된 일인지 전화 요금이 단번에 270만 엔이 준 것이다. 이것은 지금까지 매월 270만 엔이라는 돈을 낭비하고 있었다는 셈이 된다. 게다가 이 270만 엔은 회사의 매상 속에서 지출되는 것이 아니다. 회사의 순이익 속에서 지불되고 있는 것이다. 270만 엔의 순이익을 확보하기 위해서는 얼마나 매상을 올려야 하는가. 만약 순이익이 매상의 10퍼센트라고 한다면 2,700만 엔, 5퍼센트라고 한다면 5,400만 엔의 매상을 올려야 한다. 한 달에 5,400만 엔이라는 것은 연간 5억 엔 이상의 매상에 필적한다. 5억 엔이 넘는 매상을 더 올린다는 것은 쉽지 않을 것이다. 이것이 직원의 전화 받는 법, 거는 법이 잘못되어 있기 때문에 생기게 되는 것이다.

또 이런 예도 있다. 이야기를 할 때마다 '에……'라든가 '저어……' 하고 연발하는 사람이 있다. 이 '저어……'가 입버릇인 여성에게 도쿄에서 오사카로 전화를 걸게 했다. 통화료는 318엔이 들었다. 그 동안 '저어……'가 40번. 이 회화를 테이프에 녹음하여 '저어……'의 부분을 잘라서 이어 보았더니 용건의 약 절반의 길이가 되었다.

용건만의 요금이 약 170엔. 나머지 148엔은 '저어……'의 대금이었다. 전화 요금의 약 47퍼센트가 낭비되는 셈이다. 이 낭비는 한 번의 요금만으로 그치지 않는다. 이 여성이 '저어……'라는 것을 고치지 않는 한 끝없이 계속된다. 언뜻 보기에 사소한 것처럼 생각되는 이런 것이 실은 큰 손실로 이어지고 있다는 사실을 경영자는 좀체 깨닫지 못한다. 깨닫지 못하기 때문에 직원에게 공부시키지 않는다. 경영자 중에는, 직원을 연수하는 비용이 아깝다고 인색하게 굴면서 반면 눈에 보이지 않는 이런 낭비를 계속하며 이익을 잃고 있는 어리석은 짓을 범하고 있는 이들이 있다.

오늘부터 '에……'라든가 '저어……'라는 불필요한 말을 사용하지 말기 바란다. 그것이 경비 절감에 도움이 되고 이익 실현에 공헌하는 것이다. 직원은 이익을 가져올 의무가 있다는 것을 잊어서는 안 된다. 이런 것을 모르는 사람이 제일 먼저 구조조정의 대상이 되는 것이다.

## 요령 있게 전화 거는 법

1. **전화를 걸기 전에 용건을 메모한다**
   전화를 받을 때는 메모를 해도 걸 때는 메모하지 않는 사람이 많다. 걸기 전에 이야기 내용을 머릿속에서 정리하여 요점을 메모해 두면 요령 있게 상대에게 전할 수 있고, 미처 말하지 못하는 일도 방지할 수 있다.

   〈5W 1H의 법칙 – 이야기를 정리할 때의 요령〉

   | When  | 언제   | …… | 1W |
   |-------|--------|----|----|
   | Where | 어디서 | …… | 2W |
   | Who   | 누가   | …… | 3W |
   | What  | 무엇을 | …… | 4W |
   | Why   | 왜     | …… | 5W |
   | How   | 어떻게 | …… | 1H |

2. **전화번호를 확인한다**
   잘못 거는 전화는 시간과 전화 요금의 낭비!

3. **대리로 걸 때는 우선 사정을 설명한다**
   업무 사정으로 상사를 대신하여 전화를 걸 경우에는 상대에게 전해야 할 용건을 정확히 파악하여 확인을 한 다음에 전화를 건다. 그리고 대리로 걸고 있는 사정을 정확히 설명한다.

4. **통화 중에 조사 의뢰를 하는 경우나 의뢰받은 경우에는 일단 끊었다가 다시 건다**
   서로의 통화와 시간이 마음에 걸리지 않고 그만큼 일에 집중할 수 있다.

5. **전화를 끊기 전에 인사하는 것을 잊지 않는다**
   전화를 끊을 때 인사가 없으면 상대는 아직 이야기가 계속된다고 생각하고 수화기를 귀에 대고 있을는지도 모른다. '실례했습니다', '잘 부탁합니다', '감사합니다' 라는 인사를 잊지 않도록.

6. **상대가 끊고 나서 자신도 끊는 것이 올바른 예의다**
   보통은 전화를 건 쪽이 먼저 끊기로 되어 있는데, 이 원칙은 친한 사람 또는 양자가 대등한 경우에는 상관없다. 상대가 윗사람이거나 거래처인 경우는 상대가 끊고 나서 자신도 끊는 것이 좋다.

## 2. 표현 능력을 연마한다
— 이야기하는 힘은 최대의 무기다

∷ 여러분은 고금을 통해서 남보다 제일 출세한 사람이 누구라고 생각하는가. 나는 토요토미 히데요시(豊臣秀吉)라고 생각한다. 오와리(尾張)의 농부의 아들로 태어나서 칸바쿠 다이죠다이진(關白太政大臣: 성인 후의 천황을 도와 정무를 관장한 중직) 신하로서 가장 높은 자리에 올랐다. 이 히데요시가 희대에 드문 두뇌의 소유자였다는 것은 말할 것도 없지만, 또 한 가지 잊어서는 안 되는 것이 표현 능력이 뛰어났다는 것이다.

유명한 이야기가 있다. 노부나가(信長)를 섬겨서 짚신을 신겨 주는 직을 맡게 된 키노시타 토키치로(木下藤一郞: 토요토미 히데요시의 옛 이름) 시절의 이야기다. 추운 겨울날, 노부나가가 벗어 놓은 짚신을 밖에 그대로 두면 다음에 나와서 신을 때 차가울 텐데 차가운 것을 그대로 신지 않고 따뜻하게 신게 할 수 있는 방법은 없을까 하고 생각한 토키치로는 짚신을 품에 넣고 따뜻하게 해서 노부나가가 나왔을 때 그것을 재빨리 꺼내서 나란히 놓았다.

노부나가가 짚신을 신고 보니 미지근하다. 이때 성급한 노부나가는,

"네 이놈, 내 짚신을 엉덩이 밑에 깔고 앉았었지!"

하고 고함을 질렀다.

그 시절의 영주와 짚신지기라는 신분의 차이는 지금의 사장과 신입 사원의 차이와는 비교도 되지 않을 정도다. 보통 사람이라면 이 노부나가의 일갈에 겁먹고 떨려서 목소리도 나오지 않았을 것이다.

그런데 토키치로는 그때

"아닙니다, 당치 않습니다. 나리께서 차가운 짚신을 신으시게 해서는 안 된다 생각하여 이놈이 짚신을 품에 넣고 따뜻하게 해 두었습니다. 이렇게 품에 흙이 들어 있습니다."

하고 분명히 말한 것이다.

그래서 토키치로는 비로소 노부나가로부터, '이 사내는 대단한 놈이다. 다른 짚신지기와는 뭔가 다르다' 하고 인정을 받았다. 이것이 토키치로 출세의 실마리다.

비즈니스로 성공하는 7가지 조건 · 135

여기서 우리가 생각해야 할 것은, 첫째 다른 사람이 하지 않는 일을 토키치로는 했다고 하는 것이다. 다른 사람과 똑같은 일을 하고 있었다면 인정받지 못했을 것이다.

둘째 모처럼 주인을 섬기는 따뜻한 마음으로 성실하게 행하여도 그것을 상대가 알 수 있도록 하는 표현 능력을 갖지 못하면 자신이 한 일은 인정받지 못한다. 뿐만 아니라 오해받는 경우도 있을 것이다.

다음은 화술 교실에 온 B씨의 이야기다. 그가 다니는 회사에 계장 자리가 비어 있었다. 그 직책 외에는 B씨보다 고참은 없었다. 그는 일도 잘 하기 때문에 다른 사람들도,

"B씨, 축하합니다. 이번에는 드디어 계장이 되겠습니다."

라고 사교상의 인사말을 했고, B씨 자신도 인사 발령을 기대하고 있었다.

그런데 막상 인사 발령이 발표되었을 때 B씨가 아닌 그의 부하가 승진해 버렸다. 선배로서 이렇게 비참한 일은 없다. 왜 그렇게 되었을까? 문제는 B씨의 서투른 말 표현법에 있었던 것이다.

그는 일은 잘 했지만 사람과 이야기하는 것이 서툴렀다.

예를 들면, 회사에서 아침에 '좋은 아침' 하고 인사를 받

아도 모기 소리만한 낮은 목소리로 대답할 뿐이었다. 동료들에게도 이런 식이니, 사장이나 전무가 참석하는 중역 회의에 나가서 업무 상황을 브리핑하라는 지시를 받아도 부들부들 떨면서 앞뒤가 맞지 않는 말만 늘어놓았다.

'저자가 무슨 말을 하고 있는 거야. 무슨 소린지 전혀 알 수가 없잖아. 어쩔 도리가 없군. 저래서야 어떻게 안심하고 일을 맡기겠나.'

그런 까닭에 B씨는 계장으로 승진하지 못했던 것이다.

이런 경우는 어떤가. 여러분이 상사로부터 지시를 받았다.

"복잡하니까 3시간 정도 걸릴지도 모를거야."

라고 말하면서 맡긴 것이다.

그런데 막상 해보니 1시간 만에 마쳤다. 이런 때 여러분이라면 어떻게 하겠는가?

"지시하신 것을 다 마쳤습니다."

라고만 말해서는 안 된다.

"3시간 정도 걸린다고 하셨는데 해보니 1시간이면 충분했습니다. 너무 빨리 마쳐서 잘못되면 안 되겠기에 다시 한 번 검토 확인해 보았는데 틀림없다고 생각합니다. 하지만 부장님께서 보시기에 부족한 점이 있으면 안 될 테니 죄송하지만 한 번 확인해 주십시오."라고 말할 것.

    이것으로 비로소 여러분은 상사에게 일을 잘 한다는 것을 인식시킬 수 있다. 비즈니스맨으로서 이야기하는 힘은 최대의 무기다. 여러분은 뛰어난 표현 능력을 가지고 있는가.

# 시간과 약속은 죽을 각오로 지킨다
## — 큰 일을 이루는 자는 작은 일에도 소홀히 하지 않는 법이다

∷ '말 앞에 마음이 있고, 말 다음에 행동이 있다' 이것이 나의 말 표현법 교육에 대한 신조다.

말 표현법 공부라고 하면 단순히 입에 발린 말의 기술 공부라고 생각하는 사람이 많은데, 그렇지 않다. 이야기한다는 것은 우선 내용이 있고 그것을 어떻게 효과적으로 표현하는가 하는 것이니, 인간으로서의 마음가짐이 으뜸이 된다. 말은 그 다음에 따라온다. 그리고 그 다음에는 행동이 없어서는 안 된다.

훌륭한 말 표현법의 근본은 성실에 있다. 성실이라고 하는 것은 자신이 한 말을 행동으로 뒷받침한다는 것이다. 말에는 자신이나 남의 일생을 결정하는 무서운 힘이 있다. 그러나 그 반면 말만큼 적당하고 무책임한 것도 없다.

거짓말투성이, 마음에도 없는 말을 간단히 할 수 있다. 때문에 말을 무조건 믿어서는 안 된다. 말 그대로 믿는 것은 위험하다. 슬프게도 말 표현법을 가르치는 유사 교실 중에도 이런 곳이 있다. 내가 만든 텍스트, 매뉴얼, 교실 운영 방법을 그대로 훔쳐서 흡사 자신들이 창출한 것처럼 말을 한다. 실제 강사는 4, 5명밖에 없는데 베테랑 강사가 50명이나 있다고 팸플릿을 돌린다. 이와 같이 말만을 믿어서는 안 된다. 중요한 것은 사실을 확인하는 것이다. 말만 교묘하고 사실의 뒷받침이 없는 인간은 일시적으로는 사람을 속일 수 있어도 반드시 신용을 잃는다.

예를 들어 당신의 친구가, "25일에 돌려 줄 테니 10만 엔만 빌려 줘." 하고 울상 짓는 바람에 빌려 주었다고 하자. 25일이 되면 돌려 주겠다고 하면 25일에 돌려 줄 것이라고 생각한다. 빌려 준 돈을 받으면 이것에도 쓰고 저것에도 쓰자고 계획을 세운다. 그런데 26일이 되어도 27일이 되어도 돌려 주지 않는다. 기다리다 못해 재촉하면, "잊지 않고 있어. 내일 틀림없이 갚아줄게." 하고 말하면서 이튿날이 되어도 또 돌려 주지 않는다.

자, 당신은 이 친구를 신용할 수 있겠는가? '뭐야, 무책임한 소리나 하고, 그런 놈에게는 두 번 다시 빌려 줄 수 없어!' 라고 생각하게 될 것이다.

말이라는 것은 이와 같이 무책임한 것이다. 신용의 신(信)자는 사람 인 변(人)에 말씀 언(言) 자를 쓴다. 사람은 자신이 말한 것을 정확히 지키고서야 비로소 신용을 얻게 된다.

시간에 대해서도 마찬가지이다. 시간을 지키지 않는 사람은 반드시 신용 받지 못하게 된다. 사람에게는 능력의 차이라는 것이 있다. 노력을 하면 무엇이든 할 수 없는 것이 없다고 하는데, 아무리 노력해도 안 되는 것도 있다.

칼 루이스처럼 100미터를 9초대에 뛰라고 해도 뛸 수 없을 것이며, 맥과이어나 소사, 마츠이 히데키(松井秀喜)처럼 홈런을 날려 보라고 해도 할 수 없다. 물리적 능력의 차이라는 것은 아무리 해도 극복하기 어려운 면이 있다.

그러나 시간을 지킨다는 것은 능력과는 일절 관계없다. 지키려고 마음먹는다면 누구나 지킬 수 있는 것이다. 시간 하나 지키지 못한다는 것은 그 사람이 사는 자세나 일하는 태도에 공사 구분이 없다는 것이다.

회사의 출근 시간에 늦는다, 손님과의 상담에 늦는다는 것은 언어 도단이다. 처음 가는 장소로 갈 때는 반드시 사전에 소요 시간을 조사해 둘 필요가 있고, 차로 움직일 때는 교통 체증을 예측하고 충분한 여유를 가지고 나가도록 한다. 어쩔 수 없는 사정이 있어서 아무리 해도 늦어질 때는 사전에 연락을 한다는 것도 중요하다. 도착 시간은 반드시 5분에서 10분 정도 먼저, 너무 일찍 가도 상대에게 폐를 끼치게 되는 경우가 있다.

또 남과 시간을 약속할 때는 1시라든가 2시라는 정시가 아니라 12시 17분이라든가 2시 3분이라는 단수를 붙이면 좋다. '이상한 사람'이라고 상대에게 강한 인상을 심어주게 될 것이고, 잊는 일이 적어진다. 텔레비전의 프로그램 개시 시간도 요즘에는 이런 수법을 취하는 경우가 많아졌다.

아무튼 시간을 지킨다는 것에 대해서는 지나치다 할 정도로 정확해도 좋다. 그 정도는 해야만이 그 사람이라면 믿어도 된다고 하는 신용을 얻게 된다. 큰 일을 이루는 자는 작은 일에도 소홀히 하지 않는 법이다.

## 샐러리맨 근성을 버린다
— 지시 받기 전에 지시 받은 것 이상의 일을 해야 한다

::도쿄 이이다바시(飯田橋)에 있는 센트럴 빌딩의 20층에 M이라는 고급 중화요리 레스토랑이 있다. 여기에 내가 식사하러 갔을 때의 일이다. 레스토랑에 들어가 보니 내부가 아직 어두컴컴했다. 약간 이른가 하고 시계를 보았더니 11시25분이었다. 마침 웨이터가 있어서,

"아직 영업 시간이 안 된 겁니까?"

하고 물었더니,

"11시 30분부터이니까요."

라는 무뚝뚝한 대답이었다. 나는,

"아, 그래."

하고 돌아와 버렸다.

그리고 그 이후 한 번도 그 레스토랑에 식사하러 가는 일이 없었다. 내가 이 레스토랑의 주인이었다면 이런 어리

석은 짓은 절대 하지 않는다.

"손님 죄송합니다. 개점은 11시 30분부터니까 앞으로 5분 정도 시간이 있는데 안으로 들어가셔서 기다려 주시겠습니까? 차 올리겠습니다. 그리고 주문을 미리 받아두고 싶습니다."

라고 말할 것이다.

이렇게까지 정중한 말을 듣고도 돌아갈 손님은 없을 것이다. 확실히 한 사람의 손님을 잡을 수 있다. 비록 그때는 혼자서 몇 천 엔의 식사밖에 하지 않을는지 모르지만, 그 레스토랑이 마음에 들면 훗날 몇 사람 데리고 가서 몇 만 엔어치 식사를 할 가능성이 생긴다.

그렇다면 왜 이러한 차이가 나타나는가. 이것은 일하는 사람의 의식 문제인 것이다. 이 웨이터는, '11시 30분 개점이니까 그 전에 들어온 자는 들일 필요가 없다', '교육 받은 대로 하면 된다'라는 종업원 근성으로 일을 하고 있기 때문에 이 정도밖에 손님을 맞을 수 없는 것이다.

'어떻게 하면 좀더 가게의 매상이나 이익을 올릴 수 있을까?', '손님에게 만족을 주려면 어떻게 하면 되겠는가?'라는 경영자 의식을 가지고 일을 한다면 틀림없이 적극적인 응대를 할 수 있을 것이다.

또 한 가지 내 체험담을 소개한다.

진눈깨비가 내리던 추운 겨울날의 일이다. 도쿄역에서 전차를 타고 여행을 떠났다. 차 안으로 들어가 보니 손님은 불과 10명도 채 안 되었다. 그것만으로도 추운 광경인데 게다가 난방이 잘 되어 있지 않아서 나는 코트를 입은 채로 좌석에 앉았다.

이윽고 발차하고 20분이 지난 무렵일까 차내 이동 매점이 지나가면서,

"도시락 있습니다. 선물이 나왔습니다."

하고 말했다. 판매원은 카트를 사이에 두고 앞과 뒤에 한 사람씩 있었다. 나는 몸이 너무 추웠기 때문에 뜨거운 커피를 마시고 싶었다.

"커피 있습니까?"

하고 물었다. 그랬더니,

"이 칸에 커피는 없지만 옆 칸으로 가시면 있습니다."

하고 대답했다.

"옆 칸까지 가지 않으면 안 되나?"

"네."

"그래, 그럼 추위서 움직이는 것도 귀찮으니까 됐어."

하고 내가 말하자 그 여자 판매원은 그대로 가버렸다.

결국 나는 커피를 마시지 않았고, 그녀들은 한 잔의 커피를 팔지 못한 것이다.

이 여자 판매원들도, '급료를 받고 있으니까 어쩔 수 없다'라는 샐러리맨 근성으로 일을 하고 있기 때문에 이 정도밖에 하지 않은 것이다. 이런 태도로 일하는 직원이라면 회사나 손님이 기뻐할 리 없고, 자신에게도 기쁨이 생길 리 없다.

일이란 손님에게 도움이 되고 기쁨을 주어 회사에 이익을 가져오게 하는 것이다. 이것을 매일 생각하면서 일을 하고 있다면 이런 경우, "손님, 그러시면 제가 옆 칸에 가서 커피를 가져오겠습니다."

하고 말하면 커피 한 잔을 팔 수 있다. 팔리게 되면 이익이 오르기 때문에 회사가 기뻐할 것이다. 또한 손님도, "고마워, 덕분에 이렇게 앉아서 편히 커피를 마실 수 있게 돼서."

하며 기뻐할 것이다. 어찌보면 사소한 일로 손님이 그렇게 기뻐해 주었다고 생각하면 자신에게도 기쁨이 생기는 것이 아닌가.

일이라는 것은 지시 받은 것만 한다고 다 되는 것이 아니다. 지시 받고 나서 하면 된다는 것도 아니다. 만약 자신이 상대의 입장이었다면 어떻게 하면 기쁨을 줄 수 있을 것인가를 생각하고, 지시 받기 전에 지시 받은 것 이상의 일을 해야 하는 것이다.

항상 머릿속에 어떻게 하면 회사나 손님에게 도움이 될 것인가를 생각해야 한다. 그렇게 하면 거기에 일에 대한 기쁨, 즐거움도 생기게 마련이다. 급료를 받고 있기 때문에 어쩔 수 없다고 생각하고 마지못해 일을 하고 있다면 자신의 인생이 너무나 쓸쓸하지 않은가.

## 5 복창은 필수조건
— 비즈니스의 기본은 어디까지나 정확성이다

∷일을 하는 데 있어서 매사를 정확히 전하는 능력은 필수조건이다. 그런데 말의 엇갈림에 의한 트러블이 흔히 일어나고 있다.

"선생님, 자신의 생각을 정확히 전달한다는 것이 의외로 어렵습니다."

하고 한 회사의 부장이 절실한 말투로 내게 말해왔다.

들어보니 최근 다음과 같은 일이 있었다 한다.

어느 날 아침, 그는 부하 직원 A에게,

"이 일을 서둘러 해주게."

하고 부탁했다. 1시간쯤 지난 무렵,

"아까 맡긴 일은 다 마쳤나?"

하고 묻자 아직 안 되었다고 했다.

"뭘 그렇게 꾸물거리고 있는가? 서둘러 하라고 하지 않앉나!"

하고 말하자,

"나도 서둘러 하고 있습니다!"

하고 감정적인 말투로 말대답을 해오는 바람에 두 사람 사이에 순간 험악한 공기가 흘렀다 한다.

그런데 이 감정의 엇갈림이 왜 일어났을까? 우선 하나는, 그 부장이 '서둘러'라는 추상적인 말을 사용한 데 있다. 이 '서둘러'라는 말을 부장은 1시간 내라고 생각한 데 비해 부하 직원은 오전 중에 하면 된다고 받아들였다.

추상적인 말이라는 것은 보편성이 넓어서 사람에 따라서 이해도가 다르다. 시간을 나타낼 때는 구체적인 단위를 사용하여야 한다. 이런 경우, '오전 11시까지'라고 말했다면 부하 직원은 그렇게 알고 일을 착수했을지도 모르고, 11시라고 했는데 11시 30분이 되어서도 하지 못했다면 야단맞아도 납득한다.

그런 애매한 말은 직장에서 의외로 많이 사용되고 있다.

"매상 실적은 어떤가?"

"상당히 오르고 있습니다."

이것으로 서로 알았다고 생각하는데 사장이 생각하는 '상당히'와 부하 직원이 생각하는 '상당히'는 상당히 다를는지도 모른다. 이런 말투로는 나중에 트러블이 일어나지 않는다고 할 수 없다. 이것이 제1의 원인으로, 이야기하는 사람에게 문제가 있다.

둘째로, 듣는 사람의 문제를 들 수 있다.

'서둘러' 라고 부장이 말했을 때 자신이 멋대로 해석하지 말고 '몇 시까지 마치면 되겠습니까?' 하고 확인하는 의미에서 반문하는 것이다. 이렇게 반문하지 않고 일을 하기 때문에 오해가 생긴다. 이런 경우 문제는 양쪽의 말 표현법에 있는데, 항상 야단 맞고 불이익을 당하는 것은 부하 직원 쪽이기 때문에 명령을 잘 받아들이는 연구를 하여야 한다.

손님으로부터 전화로 중요한 용건을 듣거나 혹은 상사에 대한 전언을 받았을 때 메모를 하여 정확히 용건을 숙지하고 있는가?

한 번은 내가 한 회사의 사장에게 전화를 걸었는데 사장이 부재중이라고 해서 전화를 받은 직원에게 말을 전해 줄 것을 부탁했다.

"나는 일본 말 표현법 센터의 소장인 에가와 히로시라고 합니다. 죄송하지만 내일 오후 1시에 내 집으로 전화 걸어 달라고 사장님에게 전해 주십시오."

이런 경우 대부분의 사람이 복창하지 않고,

"네, 알겠습니다."

라고 말하고 전화를 끊어 버린다.

다음날 나는 초조하게 전화가 걸려 오기를 기다렸지만, 전화는 걸려 오지 않았다. 어쩔 수 없어서 다시 한 번 이쪽에서 전화를 걸어 보니 이번에는 사장이 받아서 말했다.

"에가와 히로시 선생님이셨습니까. 에가와 씨라고 들었기 때문에 누군가 했습니다."

직원이 용건을 정확하게 전달하지 않을 경우,

"밤 7시가 아니었습니까. 7시라고 해서 집으로 돌아가 걸려고 했었습니다." 또는,

"댁에 계셨습니까. 지금 회사에 전화 걸었더니 안 계시다고 하기에 이상하다 하고 생각하고 있던 참입니다."

등등의 오해의 소지는 얼마든지 있을 수 있게 된다.

말 전달이 정확히 전해지지 않았기 때문에 여러 가지 엇갈리는 문제가 일어나고 끝내는 메세지 하나 만족하게 전달하지 못하는 회사에는 불안해서 어떤 일도 부탁할 수 없다고 생각하게 되며, 모처럼의 일이 다른 곳으로 돌아갈는지도 모른다.

말이라는 것은 자신이 말한 대로 정확히 전해진다고 생각한다면 큰 잘못이다. 우선 틀림없이 잘못 이해할 것이라

고 생각해야 한다. 그러므로 자신이 듣는 사람이 된 경우, 반드시 이해한 내용을 자신의 말로 되풀이 복창하여 상대에게 확인해야 하는 것이다. 그리고 마지막으로 메세지는 부탁 받은 자신의 부서와 이름을 알려줘야 한다. 비즈니스의 기본은 어디까지나 정확성이라는 것을 명심하기 바란다.

### 메세지는 반드시 메모한다

```
                                          님에게
       월    일    AM PM       시    분

                                         님에게서
-----------------------------------------------------
  □ 전화가 있었습니다.
  □ 전화를 걸어 달랍니다.
  □ 나중에 전화하겠답니다.(  일 시 분 경에)
-----------------------------------------------------
  □ 내방하셨습니다.
  □ 다시 방문한답니다.(  일 시 분 경에)
  □ 와 달라고 합니다.(장소         )
-----------------------------------------------------
  □ 용건은 아래와 같습니다.
```

# 보고를 잘 하는 사람이 인정받는다
― 보고를 잘 하는 방법은 '결과를 먼저, 경과는 나중'

::일이라는 것은 상사로부터 명령을 받아 실행하고 결과를 보고해야 최종적으로 끝난다. 자신이 작업을 완료했다고 해서 그것으로 끝나는 것이 아니다.

이런 일이 있었다.

내가 집에서 전화로 사무실의 K에게 예산 만 엔 정도로 어떤 분에게 선물을 하도록 지시했다. 그런데 그로부터 3일이 지나고 4일이 지나도 어떻게 되었다는 보고가 없었다. 나는 잊어버렸는가 하여 어느 날,

"전에 부탁한 선물은 보내 주었나?"

하고 물었다. K는

"네, 바로 보냈습니다."

하고 말했다.

그러나 어떤 물건을 보냈는지, 그리고 비용은 얼마 들었

는지 아무 말도 하지 않았고, 내가 물으니까 비로소 대답했다. 이럴 경우 명령을 내린 쪽으로서는 '어떻게 된 것일까', '도대체 부탁한 것은 제대로 했나' 하고 마음을 졸이고, 때로는 초조해 하게 된다. 상사에게 이런 마음을 갖게 한다면 비즈니스맨으로서는 실격이다.

보고를 요구해야 '이렇게 됐습니다' 라고 말한다면 아무리 훌륭한 일을 해도 인정받지 못하고 '우물쭈물 하고 어쩔 수 없는 놈이다' 라는 생각을 갖게 한다. 일을 마쳤으면 즉시 보고를 하라. 보고를 하고서야 비로소 그 일은 끝난다. 보고를 하지 않고 있는 동안은 그 일을 마쳤다고 할 수 없다는 것을 알아두어야 할 것이다.

홋카이도에 출장가는 과장이 중요한 서류를 잊고 떠났다. 곧 하네다(羽田) 공항으로 뒤쫓아가서 전해 주라고 부장에게 지시를 받은 당신은 하네다로 향했다. 서류를 전해주고 회사로 돌아온 당신은 어떤 보고를 하겠는가?

"지금 돌아왔습니다. 차로 갔기 때문에 고속도로에 들어갔더니 차가 밀려서 움직이지 않는 겁니다. 전광판을 보니 하네다 방면 정체 15킬로미터라고 나와 있기에 이거 큰일났다, 이대로는 출발 시간에 도저히 도착할 것 같지 않아서 국도로 내려가 버릴까 하고 망설였습니다. 고속도로가 정체되고 있다면 국도도 정체되어 있을 것이라고도 생각했지만, 전혀 움직이지 않아서 큰맘먹고 국도로 내려갔더니 아니나다를까 국도도 정체되고 있는 겁니다. 어쩔 수 없어서 차를 잠시 어디다 세워 두고 전철로 가야겠다 싶어 모노레일을 탔습니다. 그때는 벌써 출발 시간인 11시를 10분 지나고 있었기 때문에 도저히 시간 내에 도착할 수 없을 거라 생각했는데, 하네다에는 11시 30분에 도착했습니다. 그런데 다행히 도착편이 늦어져서 출발 시간이 11시 50분으로 되어 있었습니다. 대합실을 뛰어다니며 겨우 과장님을 찾아서 무사히 서류를 전해주고 왔습니다."

자신이 얼마나 고생하여 전해주었는가, 칭찬을 받고 싶다는 마음이 앞서기 때문에 상대의 입장을 생각하지 않고 이런 보고를 하는 사람이 의외로 많다. 듣고 있는 쪽은 전해주었는지 전해주지 못했는지 빨리 알고 싶어서 이야기를 절반도 듣기 전에,

"그래서 서류는 전해주었나 못 전해줬나?"

하고 초조해서 질책하는 소리가 날아온다. 그때 비로소,

"전해주고 왔습니다."

라고 말해도,

"그걸 빨리 말하란 말이야, 바보 같으니!"

하고 핀잔 듣는 것이 고작일 것이다. 이것은 서투른 보고의 전형이다.

보고를 잘 하는 방법은 '결과를 먼저, 경과는 나중'이라는 것을 유의하여 우선 상대가 듣고 싶은 것을 먼저 말해야 한다.

"지금 돌아왔습니다. 하네다에서 무사히 과장님에게 서류를 전해드렸습니다."

라고 결과를 먼저 말하는 것이다.

이것만으로 부장은 안심한다. 그 시간에 나가서 다행히 늦지 않았구나 하고 물으면 그때 도중의 경과를 말하면 되는 것이다. 늦은 경우에도 마찬가지이다.

"하네다에 도착했더니 비행기가 이미 이륙한 후였습니다. 과장님에게 직접 전하지 못했지만 곧 다음 항공 편으로 삿포로(札幌) 지점장 앞으로 보내는 수배를 했습니다. 저녁 5시까지는 지점에 도착할 겁니다. 그리고 삿포로 지점에도 전화로 그 취지를 연락해 두었습니다."

그 후의 처치까지 정확히 말할 것.

보고하고 싶은 사항이 몇 가지 있으면,

"보고 사항은 3가지가 있습니다. 첫 번째는 ○○, 두 번

째는 ××, 세 번째는 ☆☆입니다. 우선 첫 번째부터 말씀
드리겠습니다......"

라고 요령 있게 말하면 이해하기 쉽다.

# 커뮤니케이션의 포인트
## — 인사는 커뮤니케이션의 시작이다

:: 여러분은 아침에 동료나 부하 직원이 '좋은 아침' 하고 인사했을 때 어떻게 응답하고 있는가. 다음 세 가지 중에서 해당하는 것을 골라 보기 바란다.

① 일하고 있는 체하면서 인사에 응하지 않는다.
②'좋은 아침', 또는 '좋은 아침입니다' 하고 모기 소리만한 낮은 소리로 되받아 인사한다.
③'좋은 아침', 또는 '좋은 아침입니다' 하고 기운 찬 목소리로 되받아 인사한다.

여러분은 설마 ①과 같은 행동은 하지는 않으리라 생각하는데, 어떨까. 혹시 그렇다면 내일부터라도 함께 인사를 해야 할 것이다. 먼저 인사를 해도 무시당한다면 견딜 수 없고, 기분이 나쁘기 때문이다. ②와 같은 행동을 하는 사람은 인사를 하는 것만은 괜찮지만 어차피 할 거라면 큰 소리로 인사하는 것이 좋다. 큰 소리로 하는 인사가 상대를 더욱 기쁘게 해주기 때문이다. ③과 같은 행동은 인품도 훌륭하고 일도 잘 하는 사람일 것이다. 그대로 계속하기 바란다.

인사는 커뮤니케이션의 시작이다. 인사를 소홀히 하는 것을 보고 상대방이 '당신과는 상대하고 싶지 않다' 라는 의사 표시라고 받아들여도 어쩔 수 없는 것이다. 또 인사한 사람 측에서 보면 자신의 존재가 무시당한 셈이 되고, 말할 수 없이 기분이 나빠지는 것이다. 상대에게, '하루의 시작이니 기분 나쁘게 하지 말아주게' 하고 말하고 싶을 것이다.

나는 지금까지 많은 기업을 방문하였는데 나름대로 '좋은 기업' 인지 아닌지를 판단하는 기준을 가지고 있다. 개중에 특히 중요한 포인트가 되는 것이 기업을 방문하였을 때 종업원의 인사다.

'안녕하십니까!' 하고 말하고 사무실, 혹은 공장으로 들어간다. 그러면 곧 밝은 인사가 돌아온다. 개중에는 선수쳐서 인사하는 종업원도 있다. 이런 기업은 경영 내용이 충실하다고 판단해도 거의 틀림없다. 종업원의 마음가짐이 다르기 때문이다.

이것은 나뿐만 아니라 이미 3,000개 회사 이상이나 경영 진단을 하고 있는 내가 잘 아는 경영 컨설턴트도 같은 견해를 가지고 있고, 대부분의 컨설턴트도 그와 같은 견해를 가지고 있기 때문에 타당한 판단 기준 같다.

이렇게 중요한 인사의 힘을 여러분은 생각한 일이 있는가? 인사라는 것은, '자신의 마음속을 일정한 형식에 담아 표현하는 것'이다. 마음속에서 이것저것 생각하고 있어도 단순히 생각하고 있는 것만으로는 상대가 알 수 없다. 그것을 말로 표현하거나 인사하는 태도로 표현하여 분명히 해야 한다.

인사는 인간관계를 매끄럽게 하는 첫걸음이다. 이 인사를 할 수 없다면 어떻게 커뮤니케이션을 잘 할 수 있을 것이며, 하물며 '전략 실행형 비즈니스맨'은 결코 될 수 없을 것이다. 또 아무리 실력이 있다 해도 인사를 제대로 할 줄 모른다면 다른 사람으로부터 존경을 받을 수 없다.

그러면 어떻게 하면 호감을 사는 인사나 커뮤니케이션의 방법을 배울 수 있을까. 그것은 말하는 표현법을 배우는 것이다. 왜냐하면 말의 표현법에는 인사나 커뮤니케이션을 비롯하여 프레젠테이션이나 스피치 등 인간관계를 풍부하게 하는 모든 것이 있기 때문이다.

다음은 어떻게 인사를 하면 좋을지 그 포인트를 체크한 것이다. 인사를 할 때는 다음 다섯 가지를 유념해야 한다.

① 상대의 눈을 보고 인사한다.
② 상대에게 들리도록, 알 수 있도록 한다.
③ 마음이 담긴 인사를 한다.
④ 스스로 적극적으로 한다.
⑤ 상대의 인사를 기대하지 않는다.

이와 같은 인사를 받은 상대는 '정말 기분 좋은 사람이다' 라고 생각하고 호의를 보일 것임에 틀림없다.

말의 표현법은 커뮤니케이션의 기본이며, 인간관계의 기본이다.

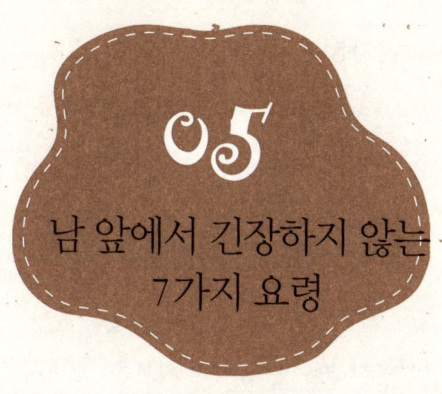

# 05
## 남 앞에서 긴장하지 않는 7가지 요령

1. 긴장하는 원인을 파악하라

2. 긴장하는 것이 당연하고, 긴장하지 않는 것이 이상하다

3. 몸을 움직이면 여유가 생긴다

4. 듣는 사람은 자신의 편이라 생각한다

5. 열등감을 버려라

6. 철저하게 준비한다

7. 끊임없이 경험을 쌓는다

# 긴장하는 원인을 파악하라
— 스피치를 하는 경우 '긴장하는 버릇'이 제일 난적이다

∷ 커뮤니케이션 능력의 기본은 '스피치 실력'에 있다고 해도 과언은 아닐 것이다. 흔히 '사람들 앞에서 이야기 같은 것은 하지 못해도 좋으니 우선 일상적인 대화 방법을 배우고 싶다'는 사람이 있는데, 그것만으로는 근본적인 문제의 해결이 될 수 없다. 사람들 앞에서 스피치 하는 실력만 정확히 있으면 1대 1의 일상 대화 같은 것은 특별하게 공부할 것까지도 없는 것이다.

일상의 대화를 정확히 할 수 있으니까 자신은 스피치 할 실력이 있다고 생각하고 있는 사람도 있는데, 이것은 당치 않은 이야기다. 일상 대화는 이야기하는 사람과 듣는 사람이 1대 1이지만, 스피치는 이야기하는 사람은 한 사람이고 듣는 사람은 불특정 다수이기 때문에 그 기능은 전혀 달라진다.

일상 대화는 상대와 서로 말의 교환을 할 수 있지만, 스피치는 이야기하는 사람만이 말을 하고 듣는 사람은 말을 듣기만 한다. '원 웨이 커뮤니케이션'이기 때문에 거듭 연습하지 않으면 좀체 잘 할 수 없는 것이다.

사람은 지위가 높아지면 높아질수록 사람들 앞에서 이야기할 기회가 많아진다. 만약 사람들 앞에서 이야기할 실력이 없으면 인정받지 못할 것이며, 존경도 받지 못한다. 따라서 사람들 앞에서 이야기하는 실력을 연마해야 한다.

스피치 하는 경우, 누구나 제일 곤란해 하는 것이 '긴장하는 것'이다. 얼굴 표정은 홍조가 되고, 얼굴은 뜨거워진다. 손발은 떨리고, 심장은 두근두근 박동이 빨라진다. 눈앞이 캄캄해지고 사람들의 얼굴 따위는 전혀 보이지 않는다. 이렇게 되면 사고력은 산만해지고 몽유병 환자 같은 상태가 된다. 자신이 말하고 있는 것을 스스로도 모르게 되어 버린다. 이 '긴장하는 버릇'이 스피치를 하는 경우 제일 난적이다. 이 문제를 해결해야 한다. 그러기 위해서 사람은 왜 긴장하는가 하는 점부터 생각해 보고자 한다.

### [긴장하는 원인 1] - 공포에 대한 방위 본능

W. 백도갈은, 인간에게는 개체 보존 본능과 종족 보존

본능이 있는데 개체 보존 본능 속에 도주 본능 – 공포가 있다고 말하고 있다. 일반적으로 공포는 다음 세 가지 경우에 생긴다.

① 어둠에 대한 공포
불빛이 전혀 없는 산 속에 혼자 남겨진다. 혹은 칠흑 같은 어두운 동굴 속에 혼자 우두커니 앉아 있어야 한다고 하면 안절부절 못할 정도로 무서움에 사로잡힐 것이다.
② 소리에 대한 공포
'쾅' 하고 귀의 고막이 찢어질 정도로 폭발음이 갑자기 터지게 되면 무서워서 누구나 놀랄 것이다. 번개와 함께 울리는 천둥 소리가 제일 무섭다는 사람도 있다. 도를 넘은 큰 소리는 인간에게 공포를 준다.
③ 수에 대한 공포
많은 사람들 앞에 나가 많은 사람들의 시선을 일제히 받는다. 다만 그것만으로도 압박감을 느낀다.

이 세 가지 앞에서는 인간은 무조건 공포에 사로잡히는 본능을 가지고 있다. 이 공포 본능에 대해 방위 본능이라는 것이 있다. 이것은 공포에 사로잡혔을 때 사람은 도망치고 싶은 마음이 작용한다는 것이다. 될 수 있으면 사람들 앞에 서서 수의 압박을 받고 싶지 않은데, 그것을 할 수 없기 때문에 자기 자신을 평상적이 아닌 상태에 몰아넣는다. 이것이 바로 긴장과 흥분의 상태다. 그러나 이것은 피할 수 없는 본능이기 때문에 결코 부끄러운 일은 아니라는 것을 자각하는 것이 중요하다.

### 〈 긴장하는 원인 2 〉 - 미지의 것에 대한 불안

제임스라는 심리학자는, '공포는 무지와 반신반의에서 생긴다'라고 말하고 있다. 처음 비행기를 탔을 때 당신은 불안과 약간의 공포를 느끼지 않았는가? 나는 40년 전 처음 비행기를 탔을 때 떨어지는 것은 아닐까 불안해지고 약간만 흔들려도 무서운 공포를 느꼈다. 그러나 그 후 몇 번 더 타고 나니까 자신의 경험에서 '우선 안전하다'라는 결과를 예측할 수 있기 때문에 처음에 탔을 때와 같은 공포심을 갖지 않게 되었다.

가 보지 못한 낯선 장소에 간다, 처음 사람을 만난다, 처음으로 음식을 먹을 때 인간은 모두 약간씩의 불안을 느끼고 긴장한다. 많은 사람들 앞에서 이야기한다는 것도 마찬가지이다. 처음 스피치 하는 경우에는 어떤 말을 하면 좋을까, 어떤 단어를 구사하면 좋을까, 어떤 식으로 이야기를 전개하면 좋을까, 눈이나 손은 어디에 두고 이야기하면 좋을까 등 전부가 미지의 것들뿐이기 때문에 긴장하고 불안이 생겨 흥분해 버린다.

그러나 이것도 몇 번 그런 경험을 함으로써 결과를 예측할 수 있게 되기 때문에 서서히 긴장하지 않게 되므로 크게 걱정할 것은 없다.

### 〈 긴장하는 원인 3 〉 - 실패한 경험

사람은 한 번 실패하면 같은 상황에 부딪치게 되었을 때 또 실패하는 것은 아닐까 하는 연상 작용을 하게 된다. 과거에 연설하는 도중 말이 나오지 않아 쩔쩔맸던 사람, 큰 창피를 당한 사람은 또 같은 일이 일어나지 않을까 하는 나쁜 연상이 작용하기 때문에 스피치 하기 전에 긴장해버린다.

### 〈 긴장하는 원인 4 〉 - 열등감

듣는 사람들 중에 자신보다 지위가 높은 사람이 있다.

예를 들면 자신의 회사 사장, 텔레비전에 나오는 경제계나 정계의 고위직 관리가 있거나 자신을 잘 아는 상사나 선배가 있으면 순간 긴장된다. 이것은 열등감에 사로잡히기 때문이다. 특히 자신이 표현력이 서투르다고 믿고 있는 사람은 열등감의 포로가 되기 쉽다.

### 〈 긴장하는 원인 5 〉 - 무방비 상태

이야기하는 것에 대해서는 몇 천 명이나 되는 사람들 앞에서도 긴장하지 않는 나도 노래를 부르라고 하면 몹시 긴장된다. 그것은 정식으로 노래 연습을 한 적이 없기 때문이다. 스피치를 정식으로 공부한 일이 없으면 어떻게 이야기를 하면 좋을지 모르는 무방비 상태로 임해야 하기 때문에 긴장하는 것이 당연하다.

스피치에 대해 아무 지식도 없고, 공부도 하지 않고 사람들 앞에 선다는 것은 발가벗고 사람들 앞에 나가는 것과 같다. 만약 자신의 몸에 실오라기 하나 걸치지 않고 많은 사람 앞에 나갈 수 있는 사람이 있다면 그 사람은 틀림없이 정신에 이상이 있는 사람일 것이다. 그렇게 생각하면 긴장하지 않는 것이 이상하다.

이상 기술한 여러 가지 원인이 몇 개가 겹쳐져서 '긴장한다'고 하는 현상이 일어난다. 그러면 다음은 어떻게 해야 긴장하지 않을 수 있는지, 그 방책을 생각해 보자.

## 긴장하는 것이 당연하고, 긴장하지 않는 것이 이상하다
― 말하는 것이 직업인 프로라도 긴장하는 일은 있다

∷ '긴장하는 것' 으로 제일 번거로운 것은, 모두 마음을 진정시키고 이야기하고 있는데 왜 자신만이 이렇게 긴장하는 것일까 하고 생각하여 패배감에 사로잡혀서 자기 혐오에 빠져 버리는 것이다.

그러나 잠깐 기다려 주기 바란다. 모두 마음을 진정시키고 이야기하고 있다면 그 사람들에게 묻고 싶다.

"긴장되지 않았습니까?"

하고.

우선 대부분의 사람이, '아니, 나도 몹시 긴장해 있었습니다. 다리가 후들후들 떨리고 손바닥이 땀에 흠뻑 젖었습니다.' 라고 말할 것임에 틀림없다.

다른 사람이 보면 긴장하지 않은 것처럼 보일 뿐이지 씨름 선수처럼 몸집이 큰 사람도 대개는 떤다. 사람들 앞에 나가서 아주 태연하다고 하는 것은 방위 본능이 없는 유아나 정신에 이상이 있는 사람뿐이다.

말하는 것이 직업인 프로라도 긴장하는 일은 있다. 뉴스 캐스터인 쿠메 히로시(久米廣) 씨는 '뉴스 스테이션'의 사회자로 유명한데, 이 쿠메 씨도 처음 마이크 앞에 섰을 때 '날씨를 말씀드리겠습니다' 라고 하는 단 한마디를 긴장으로 인해 말할 수 없었다는 것이다. 믿을 수 없는 이야기다.

나 역시 '직업이 직업이니 만큼 어디에 가도 긴장하는 일은 없겠습니다.' 라는 말을 자주 듣는데, 당치 않은 이야기다. 처음 가는 장소, 처음 만나는 사람과 이야기할 때는 역시 긴장하는 마음이 생긴다. 경험이 없는 사람처럼 긴장해서 뭐가 뭔지 모르게 되는 일은 없지만 기분 좋은 것은 아니다.

최근에는 텔레비전에 나가는 기회가 많아 그다지 긴장하지 않게 되었지만, 30년 전에 처음 텔레비전에 나갔을 때는 매우 긴장했다. 처음 보는 방송국의 스튜디오, 카메라가 4대, 5대나 나를 향하고 있었다. 많은 스태프들이 바삐 움직이고 있다. PD가, '빨간 램프가 켜져 있는 카메라를 향해 이야기해 주십시오.' 하고 말하고, 10초 전, 5초 전, 3초 전 하고 눈앞으로 손가락을 내민다. 그것만으로도 잔뜩 긴장해버린 것이다.

 남들 앞에서 이야기할 때 자신만이 긴장한다고 생각하는 것은 잘못이다. 당신 이외의 사람도 모두 긴장한다고 하는 것을 아는 것만으로도 마음이 상당히 편해질 것임에 틀림없다. 긴장하는 것이 정상이며, 긴장되지 않는 사람이 이상하다는 것을 우선 알아두어야 할 것이다.

# 3. 몸을 움직이면 여유가 생긴다
— 이성을 작용시켜서 하나의 행위를 사이에 끼워본다

∷인간의 감정이라는 것은 묘한 것이어서 아침에 눈뜨는 순간 아무 이유도 없이 왠지 모르게 기분이 나빠져 버리는 때가 있다. 이때 '오늘은 불쾌한데.' 하고 입에 담아 말하면 기분은 점점 어두워지고 얼굴은 벌레 씹은 표정이 된다. 그런 시큰둥한 표정을 하고 있으면 남에게 불쾌감을 주기 때문에 웃음 띤 얼굴을 하라고 이성이 명령해도 좀체 웃음 띤 얼굴 표정을 지을 수 없다.

그러나 이런 때 기분은 곧 고쳐지지 않아도 '오늘은 날씨가 좋다, 즐겁다.' 하고 말하고 소리 내어 '우하하하' 하고 웃어 보면 기분도 밝아지고 이상하게 웃음이 얼굴에 떠오르게 된다. '재미도 없는데 어떻게 웃음이 나와!' 하고 말하는 사람도 있지만, 이성이 억지로라도 웃으라고 하나의 행위를 명령하면 감성도 서서히 밝아지게 된다.

이와 같이 이성은 직접 감정을 지배할 수 없지만, 이성이 하나의 행위를 명령하고 그 행위를 사이에 끼움으로써 감정을 지배할 수 있다. 다시 말해서 이성은 감정을 직접 컨트롤 할 수 없지만 그 사이에 행위를 끼우면 감정을 컨트롤 할 수 있다는 것이다.

  사람들 앞에 나가면 무섭다, 하는 것도 감정의 하나다. 그리고 '긴장'이라는 현상이 생기게 된다. '사람들 앞에 나갔다고 해서 잡아먹히는 것은 아니다. 무서워할 것 없다.' 하고 이성이 아무리 타일러도 무서움은 가시지 않고 긴장하는 현상은 없어지지 않는다.

  이때 이성을 작용시켜서 하나의 행위를 사이에 끼워보자. 처음에 복식 심호흡을 해본다. 자신이 이야기하기 직전이 되면 숨을 크게 들이마시고 배를 부풀린다. 이번에는 그 숨을 뱃가죽이 등골에 착 달라붙을 정도로 전부 뿜어낸다. 다섯 정도 세고 숨 쉬고, 열 정도 지나서 내뿜는다. 이 복식 호흡을 몇 번 하면 기분이 진정되어 긴장이 가라앉게 된다.

  복식 호흡의 연습 방법은 누워서 책을 배 위에 얹은 상태로 숨을 크게 들이쉬고 내뿜고 한다. 그때 책이 아래위로 10센티미터는 움직이게 호흡하도록 유의하자.

  두 번째는 어깨의 힘을 빼 본다. 긴장하게 되면 몸 전체,

특히 어깨에 힘이 들어가게 되기 때문에 어깨를 몇 번 아래 위로 오르내리게 한다. 처음 어깨를 올리고 다음에 쑥 떨어뜨린다. 골프의 경우도 스타트의 첫 타를 치기 전에 이것을 하면 어깨의 힘이 빠져서 좋은 공을 칠 수 있기 때문에 시험해 보면 좋을 것이다.

세 번째는 진정되어 있는 체한다. 연단에 올라가 걸을 때는 평소보다 의식적으로 큰 걸음걸이로 천천히 걷는다. 인사할 때는 연단 앞에 버티어 서서 머리를 45도 각도로 숙인다. 연단 앞에 서자마자 머리를 꾸뻑 숙이고 반동으로 머리를 드는 행동은 취하지 않는다.

머리는 그저 숙이는 것이 아니라 허리를 굽혀 등을 둥글게 하듯이 하면 예의 바른 인사가 된다. 그리고 머리를 숙였을 때 머리를 정지하여 3초 정도 멈춘다. 그때 마음속으로 '아무쪼록 잘 부탁합니다'라고 말하면 약 3초 정도가 된다. 머리를 들면 시계를 벗어 테이블 위에 놓고 천천히 본다. 다시 물병과 컵이 있으면 컵에 조용히 물을 따르고 조금씩 천천히 마신다. 이것도 당황해서 단숨에 마시면 기관으로 들어가는 일이 있어서 오히려 숨이 막혀 버릴 수도 있기 때문에 주의할 것.

화이트 보드나 흑판이 있으면 자신의 이름이나 이야기

하고 싶은 주제를 써 본다. 바람에 날아가지 않도록 요점을 적은 줄거리 용지를 책상 위에 놓는다. 이렇게 하여 의식적으로(의식해서 하는 것이 중요하다) 일련의 동작을 하여 몸을 움직이면 근육이 부드러워지고 긴장이 누그러진다. 시간도 벌 수 있어서 마음을 차분히 가라앉힐 수 있다.

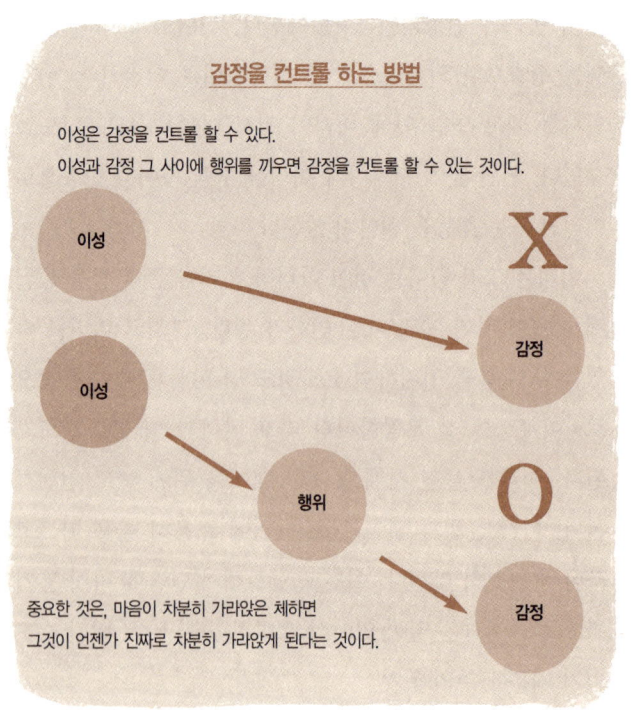

# 듣는 사람은 자신의 편이라 생각한다
— 공포의 감정을 가질 이유는 하나도 없다

:: 스피치를 하는 경우, 이야기하는 사람은 적어도 1대 수십 명, 많을 때는 1대 수백 명, 수천 명일 경우도 있다. 인간은 두 개의 눈을 가지고 있기 때문에 500명의 듣는 사람이 있는 경우는 천 개의 눈이 자신에게 향해져 있게 되는 것이다. 화술 교실 대표로 스피치 콩쿠르에 출전한 한 여성은 '인간의 눈이 이렇게 무섭다고는 생각지 못했다.'라고 말하였다.

사람에게는 본능의 하나로써 수에 대한 공포가 있다는 것을 전술했는데, 듣는 사람이 이야기하는 사람에 대해 우호적인 감정을 가지고 있다는 것을 알면 그 공포도 희박해지는 것은 아닐까.

그 증거로, 듣는 사람은 큰 박수를 쳐서 자신을 맞아주고 이야기에 납득하면 웃음으로 고개를 끄덕이면서 들어 준다. 또 여러분이 만에 하나 쩔쩔매서 말이 나오지 않게 되었을 때도 대부분의 듣는 사람은 '왜 그래, 빨리 생각해 내라. 분발하라!' 하고 마음속으로 성원을 보내주고 있는 것이다. '꼴 좋다!' 이 놈이 다음 말을 잊어버리고 창피나 당해라!' 하고 생각하고 있는 사람은 아마 한 사람도 없을 것이다.

다시 말해서 그것은 듣는 사람은 전부 당신 편이며, 적은 없다는 것이다. 이런 든든한 내 편을 왜 두려워하는가. 공포의 감정을 가질 이유는 하나도 없다.

스피치의 경우 분명히 1대 다수의 커뮤니케이션이지만, 좀더 깊이 생각해 보면 듣는 사람의 집단이라는 것은 개인의 모임이기 때문에 이야기하는 사람이 많은 '집단'에 대해 이야기를 한다고 생각하는 것은 착각이라는 것을 알 수 있다.

분명히 이야기하는 사람의 입장에서 보면 듣는 사람은 큰 수의 덩어리로 보이지만, 듣는 사람의 입장에서 보면 이야기하는 사람과 듣는 사람은 항상 1대 1의 관계에 있다. 이 점을 착각해서는 안 된다.

다시 말해서 듣는 사람이 몇 천 명 있어도 이야기하는 사람과 듣는 사람과의 관계는 항상 1대 1인 것이다. 그러므로 말도 평소 사용하고 있는 1대 1의 말을 사용하는 것이 제일 좋다. 그렇게 하면 솔직하게 듣는 사람의 귀에 들어간다. 그것을 1대 다수라고 생각하여 정색한 말투, 정색한 몸가짐으로 이야기하려고 하기 때문에 잘 되지 않는 것이다.

그 대표적인 예가 '당일은'이라는 말로 시작하는 스피치다. 당신은 집으로 돌아갔을 때 부인에게 '당일 반찬은 뭐지?' 하고 말하겠는가. '오늘 반찬은 뭐지?' 하고 말할 것이다. '당일은 많은 분께서 임석하여 주셔서……'라고 말하기 보다는 '오늘은 많은 분들께서 와 주셔서……'라고 말하는 것이 솔직해서 좋지 않은가. 말에는 '구어'와 '문어'가 있다. 문어체라는 것은 한자어가 섞인 것으로, 글자를 보더라도 의미를 알 수 있는 말이다. 사람들 앞에서 이야기할 때 멋있게 보이려고 평소 사용하지 않는 말을 사용하는 사람이 많은데, 그런 말을 사용하면 훌륭하게 보일 것이라고 생각하는 것은 큰 오산이다. 누구나 귀로 듣고 알 수 있는 말을 사용하는 것이 가장 중요한 것이다.

세상에는 여러 가지 사람이 있다. 순진한 사람, 비뚤어진 사람, 밝은 사람, 어두운 사람. 당신이 좋아하는 사람, 싫은 사람이 있을 것이다. 반대로 당신을 좋아하는 사람이 있는가 하면 싫어하는 사람도 있다. 백 사람이면 백 사람 모두 당신을 좋아하는 일은 있을 수 없고, 반대로 백 사람 전부가 싫어하는 일도 없다.

### 구어와 문어의 성질

**구어**

- 입에서 소리를 내고 귀로 듣는다
- 말은 순간에 사라져 버린다
- 귀로 듣기 때문에 한자어 같은 것은 의미를 잘 이해할 수 없다
- 동음이의어(발음이 같아서 의미가 다른 것)는 판별하기 어렵다
- 음조에 따라서 말의 표면적 의미와 다른 경우가 있다
- 사고를 요하는 어려운 문제를 다루는 것은 적합하지 않다

**문어**

- 눈으로 읽고 이해한다
- 기록성이 있기 때문에 한자어라도 곧 의미를 알 수 있다
- 동음이의어라도 읽으면 의미의 판단은 곧 할 수 있다
- 말의 표면적인 의미와 진정한 의미가 일치한다
- 사고를 요하는 문제라도 충분히 다룰 수 있다

자신이 아무리 잘 이야기했다고 생각해도 반드시 비판하는 사람이 있다. 반대로 자신은 서툴렀다고 생각할 때도 좋은 말이었다고 말해주는 사람도 있다. 그러므로 타인의

의도 같은 것은 마음 쓸 것 없다. 모든 사람의 마음에 들려고 해도 그것은 불가능하다. 자신이 하고 싶은 말을 하고, 비판하고 싶은 사람에게는 하고 싶은 대로 비판하게 두면 된다.

여기까지 결심하면 남의 눈도, 남의 입도 두렵지 않게 된다. 당신이라는 사람은 아무리 바꾼다 해도 결국 당신이기 때문이다. 당신을 좋아하는 사람은 세상에 많이 있다. 세상에는 '내 편이 천 명, 적이 천 명'이라는 것을 알아두어야 할 것이다.

# 열등감을 버려라
— 열등감과 우월감은 종이 한 장 차이

:: 한 사람이 직장 후배의 결혼식 사회를 부탁 받아 선뜻 받아들였다. 결혼식 사회는 처음이었지만 영업 관계로는 사회를 많이 보았었으므로 걱정 없을 것이라고 생각했기 때문이다.

그는 예식장에 일찍 나가 1주일 전부터 작성한 원고를 몇 번이고 확인했다. 드디어 결혼식이 시작되었다.

"지금으로부터 신랑 신부의 입장이 있겠습니다. 여러분 성대한 박수를 부탁합니다."

하고 말하고 하객들 쪽을 무심코 보다가 거기에 있던 사장과 눈이 마주쳤다.

'그렇다. 오늘은 사장을 비롯하여 중역들 모두가 와 있다. 서투른 사회는 할 수 없다.'

그렇게 생각한 순간 머릿속이 캄캄해졌다.

"그러면 차례에 따라서 주례를 맡아 주신……."

하고 말을 시작했을 때 지금도 잊을 수 없는 쇼킹한 사태가 벌어졌다.

주례의 이름이 생각나지 않는 것이다. 당황해서 진행표를 보았으나 주례의 이름 자리만 비어 있었다. 결혼식장은 무서울 정도로 찬물을 끼얹은 듯 조용했다. 전신에서 피가 빠져 나가서 겨드랑이 아래 진땀이 흘러나왔다. 그는 놀라서 어떻게 할 바를 몰라 그날의 사회는 흉한 꼴이 되고 말았다.

이 이야기는 우리 화술 교실에 공부하러 온 사람의 경험담이다. 인간이 흥분하는 요소의 하나로 열등감이 있다는 것을 앞에서 기술했다. 회사 사장, 정계, 재계의 높은 사람들, 학교 시절의 선배 등이 있는 앞에서는 왠지 이야기하기 어려운 것이 사실이다.

그러나 여기서 사고 방식을 약간 바꿔 보자. 분명히 이런 사람들은 지식과 경험이 많이 있고, 인생을 오래 살아온 사람으로서 훌륭한 분들이다.

하지만 좀 불손한 말을 쓰자면, 이런 사람들도 옷을 벗으면 한 사람의 인간이나. 시장을 그만두면 그저 단순한 사람이다. 화장실에 가면 엉덩이를 드러내고 앉는다. 좋아하는 여성과 잠자리를 할 때는 어떤 모습을 하고 있을까 하고 상상하면 우습지 않은가? 그도 인간, 우리들도 인간이라고 생각할 것. 이렇게 생각하면 열등감 따위는 어디로 사라져 버릴는지도 모른다.

다음에 열등감을 가지고 있다는 것이 꼭 문제가 되는 것일까 라는 것을 생각해 보자. 인간인 이상 뭔가 열등감을 갖지 않은 사람은 없다. 키가 작다, 피부색이 검다, 얼굴이 못생겼다, 머리가 나쁘다, 운동신경이 둔하다, 음치이다, 이야기가 서투르다, 겁쟁이다, 이성에게 인기가 없다, 일류 대학을 나오지 못했다, 가난하다, 성장 과정이 나쁘다, 몸이 약하다, 컴퓨터에 약하다, 수학을 못한다, 그림을 잘 못그린다, 사투리나 방언을 고칠 수 없다 등등, 인간은 누구나 한두 가지 이상 열등감을 가지고 있다.

열등감 같은 것은 하나도 없다고 말하는 사람이 있다면 그것은 틀림없이 역겨운 사람이거나 아니꼬운 사람이다.

그렇다면 누구나 가지고 있는 열등감을 원동력의 미끼로 하면 어떨까. 나는 어렸을 때부터 키가 작아 '꼬마' 라는 놀림을 받았었다. 어른이 되었어도 키가 156센티미터밖에 되지 않는다.

그런데 나는 이것을 조금도 괴로워하지 않았다. 키가 작은 대신 목소리가 커서 목소리 크기로 하면 누구에게도 지지 않을 자신이 있다. 그리고 이야기를 하면 많은 사람이 목소리가 좋다고 칭찬해 준다. 이것은, '키가 작으면 사람들 틈에 끼여서 존재를 알 수 없다. 때문에 하다 못해 목소리라도 크게 하여 존재를 알게 해주자.' 라는 나에 대한 신의 배려인 것이다. 이야기하는 것이 직업인 나로서 이만큼 고마운 일은 없다.

열등감과 우월감은 종이 한 장 차이, 열등감을 갖는 자는 권력자에 대해서는 굽실굽실 아첨한다. 그러나 자신보다 아랫사람에 대해서는 우월감을 가지고 뽐낸다. 나는 이렇게 꼴불견은 없다고 생각한다. 이런 인간은 높은 사람 앞에 서게 되면 몹시 흥분한다.

그 반대로, 사장에 대해서나 화장실 청소하는 아주머니에 대해서 항상 차별하지 않고 같은 태도로 접하는 사람을 나는 훌륭하다고 생각한다. 그리고 이런 사람은 듣는 사람들 중에 어떤 사람이 있든 흥분하지 않고 이야기를 할 수 있을 것이다. 열등감을 버려야 한다.

 ## 철저하게 준비한다
— 이야기하고 싶다고 하는 마음이 강해진다

:: 스피치를 하는 장면을 생각해 보면, 결혼식 사회, 회사 행사의 의식, 회사의 조례, 프레젠테이션, 회의 등을 들 수 있다. 그리고 이들 장면에서 행해지는 스피치는 자신의 의사로 하는 것이 아니라 대부분의 경우 남의 강제에 의해서 행해지는 것이다. 이런 스피치를 '외면적 요구로 행해지는 스피치'라고 한다. 자신은 조금도 이야기하고 싶지 않은데 억지로 시켜서 하게 되는 것이기 때문에 '긴장한다'고 하는 것은 이런 스피치의 경우에 흔히 일어나게 된다.

이와 대조적으로 '내면적 욕구에서 하는 스피치'가 있다. 지체 부자유자나 신체 장애자의 부모 모임 등에서 어떻게 좀더 시설을 충실하게 해주기를 바란다든가 원조금을 늘려 주었으면 하는 내면에서 솟아나는 호소의 이야기가 이에 해당된다. 이런 경우, 이야기하는 사람은 상대가 이해해 주기 바란다는 강한 소망이나 욕구를 가지고 필사적이 되기 때문에 '긴장할' 여지도 없는 것이다.

그러면 외면적 욕구에서 하게 되는 이야기라도 그것을 내면적 욕구에서 하고 싶은 이야기로 바꿔 버리면 '긴장한다' 는 일은 없어지게 되지 않겠는가? 충분히 준비하면 그것은 가능하다.

내가 아직 대학에 다니고 있던 1949년, 1950년에는 패전과 더불어 그때까지 엄했던 전시 중의 언론 통제가 해제되어 언론의 자유를 누릴 수 있게 되었다. NHK에서는 가두 녹음이니 방송 토론회라는 프로로 한창 꽃을 피웠다. 변론 대회도 여기저기 대학에서 열렸다.

아직 젊었던 나는 변론 대회를 휩쓸듯이 어디나 나가서 스피치를 했다. 그런 때는 긴장하는 일은 전혀 없다. 그것은 이야기하는 것이 즐거워서, 재미있어서, 아무튼 이야기하고 싶다고 하는 마음이 강했기 때문이다. 이야기 내용도 몇 번이고 몇 번이고 퇴고하고, 아무도 없는 빌딩 옥상에 올라가서 큰소리로 연습하고, 길을 걷고 있을 때도 연습했다. 그리고 처음부터 이야기해도, 중간에서 이야기해도 막

힘이 없을 정도로 철저히 연습하였다.

　이렇게 하면 이야기하고 싶다는 강한 의욕이 생겨 이야기하는 날이 몹시 기다려진다. 또한 이야기하는 데 공포를 느끼기는커녕 맹렬한 투지가 끓어오르게 되고, 듣는 사람이 몇 백 명 있든 태연하게 된다. 공포심 같은 것은 작렬하는 태양에 비쳐진 밤안개처럼 흔적도 없이 사라져버린다.

　나는 강연을 부탁 받으면 듣는 사람은 남녀 어느 쪽이 많은지, 몇 사람 정도인지, 평균 연령은 몇 살 정도인지, 어떤 점에 흥미를 가지고 있는지 등을 납득이 갈 때까지 조사한다. 그리고 어떤 이야기부터 시작할까, 말하고 싶은 것을 뒷받침하는 화제에는 무엇을 사용할까, 어떤 장면에서 웃음을 유발시키도록 할까, 마무리에는 어떤 에피소드로 끝을 맺을까 등을 생각한다. 그렇게 하면 듣는 사람이 어떤 이야기를 할 때 어떤 반응을 보일 것인가 하는 것까지 알게 되어 이야기하는 날이 오는 것이 즐거워진다.

　이와 같이 여러분도 한 번 철저하게 준비해 보는 것이다. 어떻게 준비해야 하는가는 뒤에서 얘기하겠다. 철저하게 준비하면 이야기하는 것이 얼마나 즐거운가를 실감할 수 있고, 긴장하지 않게 된다.

# 끊임없이 경험을 쌓는다
## — 이론을 배우고 연습을 거듭하면 반드시 향상된다

:: 골프를 하지 않는 사람은 정지해 있는 공 같은 것은 간단히 칠 수 있다고 생각한다. 그러나 실제로 쳐 보면 뜻대로 되지 않는다. 힘껏 스윙해도 스치지도 않아서 멋지게 헛치고 만다. 그리고 이럴 리 없다고 힘을 주면 줄수록 맞지 않는다. 우연히 맞았다 해도 고작 몇 미터 움직일 뿐이다.

공을 곧장, 멀리 날리기 위해서는 몇 천 번, 몇 만 번 연습해야 한다. 게다가 이 연습은 아무리 자신만의 방법으로 해도 힘만 들 뿐이지 좀체 향상되지 않는다. 향상되지 않을 뿐만 아니라 나쁜 버릇이 생겨서 실로 모양새가 좋지 않다. 스코어도 일정한 수준밖에 도달하지 않는다. 싱글 플레이어(골프에서 핸디캡이 9이하의 플레이어)가 되겠다는 것은 아주 덧없다. 아름다운 폼으로 공을 곧장 날려서 좋은 스코어를 내기 위해서는 프로에게 올바른 스윙의 이론을 배우고 실제로 치는 자세를 교정 받아 장점을 살리고 결점이 고쳐지도록 지도를 받아야 한다.

뭔가 하나의 기술을 익히려고 한다면 우선 올바른 이론을 배우고 다음에 이 이론에 따라 연습하는 것이 향상의 지름길이다.

쓸데없는 잡담, 1대 1의 잡담은 할 수 있어도 많은 사람을 향해서 하는 스피치는 이론을 배우고 연습하지 않으면 할 수가 없다.

여러분은 스피치라는 것에 대해 철저하게 이론을 배우고 준비하여 연습을 쌓고 프로로부터 올바른 지도를 받은 일이 있는가? 최선의 노력을 하지 않고서 실패하지 않을까 하고 결과를 두려워하는 겁쟁이, 최선의 노력을 하지 않고 웃음거리가 되지는 않을까 하고 생각하는 비겁자, 최선의 노력 없이 근사하게 이야기하여 감탄시키겠다고 하는 뻔뻔스러운 자기 중심적인 사람, 세상은 이런 것이 허용될 정도로 안이한 것이 아니다.

'스피치 실력'이라는 것도 하나의 기술이기 때문에 이론을 배우고 연습을 거듭하면 반드시 향상된다. 앞서 얘기한 쿠메 히로시 씨도 갓 아나운서가 되었을 무렵에는 짧은 말을 할 때도 후들후들 떨었지만 지금은 실로 당당하다. 어떻게 그렇게 변할 수 있었는가 하면 매일 매일의 경험을 쌓고 또 쌓았기 때문이다.

'배우기보다 익히라'는 말이 있다. 매일 똑같은 것을 되풀이하고 있으면 아무렇지 않게 된다.

예를 들어 회사에서 매일 아침 빠뜨리지 않고 조례에서 이야기하고 있으면, 자리가 바뀌면 또 긴장하는 일이 있겠지만 적어도 조례에서는 긴장하지 않게 된다.

우리 '말 표현법 센터'에서는 매월 월말이 되면 수강자가 한 강당에 모여 교실 대표의 스피치 콩쿠르가 행해진다. 지금은 수강자 수가 약간 줄어서 2, 3백 명의 인원이지만 한때는 500명, 600명이나 되는 수강자 앞에서 성과 발표를 했었다. 이런 자리가 있는 곳은 우리 센터밖에 없는데, 처음 강단에 설 때는 20명 앞에서도 떨던 사람이 그렇게 많은 사람들 앞에서도 당당하게 이야기할 수 있게 되는 것이다. 그것은 매주 1회 화술 교실로 와서 룰을 배우고 룰에 따라서 연습하기 때문이다.

나는 말 표현법에 관한 책을 몇 십 권이나 썼고, 누계 발행 부수는 150만 부를 넘고 있다. 하지만 말 표현법의 책을 읽는 것만으로는 이론은 알 수 있지만 실제로는 향상하지 못한다. 그것은 수영 책을 읽어도 그것만으로는 수영할 수 없는 것과 마찬가지이다. 긴장을 없애고 자신감을 갖게 되려면 부디 끊임없이 스피치 경험을 쌓을 것을 권유한다. 나는 그렇게 연습하기 위한 스피치 교실을 도쿄, 나고야, 오사카 등에 운영하고 있다. 진정 향상되고 싶으면 부디 끊임없이 관련 경험을 쌓아 나가기 바란다. 스스로도 믿을 수 없을 정도로 자신감이 생기고 인생이 달라질 것임에 틀림없다.

## 06

### 스피치를 정리하는 7가지 요소

1. 주제를 확실히 파악한다

2. 주제에서 시작한다

3. 사실, 사례로 뒷받침한다

4. 샌드위치법으로 마무리 짓는다

5. 구어(보통 쓰는 말)를 사용한다

6. 요점을 열거한 줄거리를 만든다

7. 아무튼 연습한다

 # 주제를 확실히 파악한다
— 무엇을 말하고 싶은지 먼저 스스로 이해해야 한다

∷ 스피치라는 것은, 우선 자신이 말하고 싶은 의견이나 생각, 또는 사상, 신념 등을 말이라는 매체를 통해 남에게 전달하여 설명이나 설득함으로써 목적을 달성하려고 하는 행위를 말한다.

따라서 우선 자신이 말하고 싶은 것을 명확히 파악하는 것이 기본 조건이 된다. 그런데 막상 스피치 할 때가 되면 무엇을 말하고 싶은지 자기 자신도 알 수 없게 된다거나 할 말을 잊어버리는 사람이 의외로 많다.

예를 들어 화법 교실에서 '취미' 라는 주제로 이야기하라고 할 때,

"취미에 대해서 이야기하라는 것인데, 나는 골프도 하고, 낚시도 취미고, 그림 그리기도 좋아합니다. 또 정원 가꾸기에도 흥미가 있습니다. 골프라는 것은 건강에 매우 좋

은 취미인데, 돈이 드는 것이 난점입니다. 건강에 좋다고 하면 낚시도 건강에 좋은데, 더구나 취미와 실리를 겸하기 때문에 이렇게 좋은 것은 없다고 생각합니다. 그러나 낚시라고 하면 바다 낚시도 있고 강 낚시도 있습니다. 개중에서 망둑이라는 물고기는 초심자도 낚을 수 있는 고기입니다. 때로는 모자에 낚시 바늘이 걸리는 일이 있는데, 이것을 튀김으로 하면 맛은 가볍고 그야말로 일품입니다. 그러나 낚시는 붕어에서 시작하여 붕어에서 끝난다고 하듯이 붕어라는 것은 쉬운 것 같으면서도 어렵고, 어려운 것 같으면서도 쉽고 미끼도 지렁이를 씁니다. 그런데 지렁이는 말려서 달여 마시면 밤에 자다 오줌 싸는 아이에게 약으로 쓰인다고 하는데, 이런 아이가 있는 분은 한번 시험해 보면 좋을 겁니다. 취미라고 하는데, 뭐가 뭔지 알 수 없게 돼서 이것으로 마치겠습니다."

라고 이야기를 하는 사람이 있을 것이다.

이처럼 이야기하고 있는 본인이 무엇을 이야기했는지 모른다고 하니까 듣는 사람도 당연히 알 리가 없다.

예를 들면 이 경우, '취미라고 해도 나는 많은 취미를 가지고 있는데 개중에서도 무엇을 이야기할까?' 라는 부분부터 시작하여, '그렇다, 낚시 이야기를 하자. 낚시 중에서도

## 이야기의 4대 목적

**1. 설득**
자신의 생각을 상대에게 납득시키고 또 자신의 생각대로 상대가 행동하도록 하는 것을 목적으로 한다.

**2. 설명**
어떤 정보나 사실에 대해서 상대가 모르거나, 알고 있어도 충분히 모르는 경우, 상대가 이해하기 쉬운 방법으로 상대에게 알게 하는 것을 목적으로 한다.

**3. 심리적 결합을 굳게 한다**
상대와의 친밀감을 한층 더 높이기 위해 보다 좋은 인간관계를 만드는 것을 목적으로 한다.

**4. 상대의 마음에 서정적인 변화를 준다**
듣는 사람의 마음이 즐거웠다, 슬펐다, 재미있었다고 하는 정서적 변화를 일으키는 것을 목적으로 한다. 만담, 야담, 익살스러운 재담 등이 이에 해당된다.

● 멋진 이야기법이라는 것은 목표를 달성할 수 있는 이야기법이다.
이야기를 할 때는, 언제나 자신은 지금 무엇 때문에 이야기를 하는가를 정확히 파악하고 나서 이야기하지 않으면 상대에게 잘 전달되지 않는다.

---

아주 재미있는 것, 어려운 것, 내가 낚시를 시작한 동기 등 여러 가지가 있다. 그래, 내가 낚시를 시작한 동기를 이야기하자.' 하고 자신이 말하고 싶은 것의 표적을 정확히 파

악하는 것이 중요하다.

"오늘은 내가 낚시를 취미로 하게 된 동기를 이야기하겠습니다. 내가 좋아하는 것은 강 낚시입니다. 아내의 친정에 함께 갔을 때 태어나서 처음 낚싯대라는 것을 잡아 보았습니다. 그곳은 아주 시골이어서 달리 즐길 만한 것이 없었습니다. 그래서 심심풀이로 해 본 것이 시초였습니다. 그런데 처음에 한 그 낚시에서 놀랍게도 큰 황갈색을 띤 붕어를 30마리나 낚은 것입니다. 나중에 들은 바로는 그렇게 많이 낚이는 것은 드문 일이라는 것이었습니다.

이 붕어 낚시에는 지렁이를 미끼로 사용합니다. 이것을 손으로 만지는 것이 처음에는 징그러웠었는데, 낚시를 하고 있는 사이에 점점 열중하게 되어 나중에 보니 조금 전에 지렁이를 만진 손으로 주먹밥을 먹고 있었습니다. 손을 씻는 것도 잊을 정도로 열중하고 있었던 겁니다.

그리고 또 한 가지는 자연 환경의 아름다움입니다. 숲과 논에 둘러싸여 종다리와 개구리 울음소리를 들으면서 조용히 낚시 줄을 드리우고 있으면 바로 도원경에 있는 기분입니다. 솔직히 말해서 그때까지 나는 낚시는 한가한 사람의 놀이라고 내심 업신여기고 있었는데, 스스로 해보니 세상에 이런 즐거운 것이 있었던가! 하고 눈앞이 환히 트이는 것 같았습니다. 그 이래 내 인생은 낚시 삼매경에 빠지게 되었습니다. 휴일에는 하루 종일 텔레비전을 끼고 살며 방 안에서 뒹굴며 지내는 사람들은 시험 삼아 한번 낚시를 해 보는 것은 어떨까요. 열중하여 빠져들게 될 겁니다. 오늘은 내가 낚시를 시작하게 된 동기를 이야기했습니다."

 이렇게 이야기를 하면 듣는 사람이 잘 알 수 있을 것이다. 자신이 말하고 싶은 것이 정확히 무엇인지 몰라서는 안 된다. 우선 자기 자신이 무엇을 이야기하고 싶은가를 확실히 파악하는 것이 중요하다.

## 2. 주제에서 시작한다
― 이야기의 방향을 먼저 알리는 것이다

∷ 사람의 몸이 뼈와 살로 조립되어 있듯이, 스피치도 주제와 화제 두 가지로 조립되어 있다. 주제란, 자신이 제일 말하고 싶은 것, 즉 이야기의 줏대가 되는 골격이고, 화제란 주제를 이해시키기 위한 살 붙이기를 말한다. 스피치는 이 두 가지가 반드시 있어야 한다. 이것을 이야기를 조립하는 두 가지 요소라고 한다.

알기 쉬운 이야기를 하려면 우선 이 주제, 자신이 제일 말하고 싶은 것을 '줄여서 간략하게' 말하는 것이다. 즉 이야기의 방향을 먼저 알리는 것이다.

앞에서 말한 취미 이야기에서도, '낚시를 시작한 동기를 이야기하겠다'고 먼저 말하면 이야기를 듣는 사람도 이런 이야기가 전개되는구나 하고 받아들일 자세가 된다. 보고하는 경우에도 결과를 먼저, 경과는 나중이라고 기술했는데, 이 결과가 즉 주제라는 것이다. 버스를 타는 경우에도 ○○행이라는 표시가 붙어 있으면 안심하고 탈 수 있을 것이다.

신문을 읽을 때를 생각해 보자. 만약 기사에 표제가 붙어 있지 않다면 읽을 마음이 생기겠는가? 생기지 않는다. 눈길을 끄는 표제가 붙어 있으면 본문을 읽을 마음이 생긴다. 이 경우 표제의 항목이 스피치의 주제에 해당된다. 그리고 이것은 반드시 맨 먼저 나와 있을 것이다.

결혼 피로연의 스피치도 무엇을 말하고 싶은지 모르는 이야기부터 시작하는 사람이 대부분이다.

"오늘은 정말 축하합니다. 신랑 야마다 군과 내가 알게 된 것은 그가 입사한 이래 8년 정도 되는데, 그는 입사 당시 다른 사람과 좀 달랐습니다. 첫째로 키가 크다는 것입니다. 190센티미터나 되는데 다른 사람보다 목 하나가 더 큽니다. 몸집 큰 남자라고 하면 대체로 느리고 멍청한 인간이 많은데, 그는 보시다시피 얼굴 생김새도 잘 생겼고 뭇 여성이 반할 만합니다.

사실 입사하자마자 선배 여성들 사이에서는 그의 화제가 언제나 끊이지 않았습니다. 야구를 할 때도 투수에 4번

타자, 팀의 인기를 독차지하고 있었습니다. 일하는 점에서도 성적이 우수하고 또 책임감이 강한 남자인데……."

이런 식이다. 앞에서 기술한 바와 같이 자신이 말하고 싶은 것을 파악하지 못하고 있고, 주제도 처음에 나오지 않았다. 그러므로 무슨 내용인지 모르는 이야기가 되어 버리는 것이다.

그러면 이런 스피치는 어떨까.

"축하합니다. 신랑 야마다 군은 정말 책임감이 강한 남자라는 것을 말씀드리고 싶습니다.

지금도 잊지 못합니다. 금년 1월, 눈 오는 추운 날이었습니다. 거래처를 돌고 밤 9시경 회사로 돌아와 보니 아무도 없어야 할 사무실에 불이 켜져 있는 것이었습니다. 혹 도둑이 들었나 하고 생각하며 살며시 문을 열어 보니, 야마다 군이 혼자 책상에 앉아 일을 하고 있지 않겠습니까.

'아니, 이 시간까지 뭘 하고 있는 건가.' 하고 말을 붙이자, '아, 과장님이십니까. 실은 낮에 과장님께서 오늘 중에 마쳐 놓으라고 분부하신 A회사에 제출할 서류를 작성하고 있는 중에 부장님의 급한 부탁을 받아 그것을 먼저 했습니다. 그랬더니 시간이 걸려 늦어졌습니다. 하지만 거의 다 마쳤으니까 이제 곧 끝날 겁니다.' 라고 말하지 않겠습니까. 눈이 오고 난방도 꺼져 있는 추운 사무실에서 이렇게 늦게까지 일을 하고 있는 그의 강한 책임감에......"

하고 이야기를 계속해가면 이해가 쉬워진다.

스피치 할 때는 우선 자신이 제일 말하고 싶은 주제를 처음에 말할 것. 그것도 아주 간결하게 요약해서 짧게 말한다. 짧게라는 것은 글자로 쓰는 경우 20자 이내로 표현되어 있는 것이 바람직하다. 이것이 알기 쉬운 이야기의 두 번째 조건이다.

# 3 사실, 사례로 뒷받침한다
― 감동 포인트를 찾아내서 거기서 자신이 말하고 싶은 주제를 이끌어낸다

:: 스피치를 구성하는 방법으로써 우선 자신의 체험에 의한 사실이나 타인의 체험에 의한 실례가 있고, 거기서 자신의 의견이나 하고 싶은 말을 이끌어내는 경우가 많다.

예를 들면, 앞에서 말한 '신랑은 책임감이 강한 남자' 라는 주제는 늦게까지 일을 하고 있었다고 하는 하나의 사실에서 자신의 의견이 생기게 되는 것이다.

다음은 '일본 말 표현법 센터' 의 수료식에서 실시한 성과 발표 스피치이다.

"여러분, 안녕하십니까. 저는 통화할 때 같은 말 되풀이하기는 절대로 하지 말자는 내용으로 이야기를 하겠습니다.

저는 칸다(神田)의 서점에 근무하고 있습니다. 약 1년 전의 일입니다. 구매 담당자가,

'이와이(岩井) 씨, 은행에서 코지엔(廣辭苑:사전의 이름)에 대해 물어보고 싶다는 전화가 와 있습니다.'

라는 말만 하고 전화를 넘겨 주었습니다.

'전화 바꿨습니다. 코지엔에 대해 문의하셨습니까?'

하고 말했지만 대답이 없었습니다.

"전화 바꿨는데, 코지엔에 대해 뭘 알고 싶으십니까?"

하고 말하자 겨우 착 가라앉은 50대 연배의 여성의 목소리로,

"왜 이렇게 어렵습니까. 또 똑같은 말을 세 번이나 되풀이해야 합니까. 그 회사의 전화 받는 사람은 어떻게 돼 있는 겁니까."

하고 호통치는 것이었습니다.

누구시냐고 물었더니 한 큰 은행의 인사 과장이었습니다.

이 전화에서 같은 말 되풀이하기에 대해 짚어 보면, 처음에 전화를 받은 사람은 경리 담당자이고 그 다음에는 구매 담당자에게 전화가 돌아갔습니다. 그러고는 '은행 창립 기념일에 코지엔을 1,200권 정도 기념품으로 하고 싶다' 는

상담이었기 때문에 판매 담당인 저에게로 전화가 돌아온 것입니다. 한 권에 5,000엔이나 하는 사전이 1,200권. 합하면 600만 엔. 게다가 이 사전은 어떤 서점에서든 취급하고 있습니다. '거기만 서점이 아닙니다. 다른 데 부탁하겠습니다.' 하고 거절해도 할 말이 없는 겁니다. '놓친 물고기는 크다'고 하는데 강물 속으로 뛰어들어 잡을 작정으로, 사과하고 곧 견본을 가지고 찾아갔습니다. 과연 큰 은행의 여성 과장답게 대단한 관록이 붙어 있는 분이었습니다. 물론 호되게 야단맞아 진땀을 뺐지만 어쨌든 주문을 받게 됐습니다.

그런데 여러분, 세상에 이렇게 도량이 큰 사람만 있겠습니까. 그렇지 않습니다. 이 손님은 마침 도량이 넓은 사람이었기 때문에 다행이었습니다.

전화를 바꿔줄 때는 누구에게 바꿔주면 좋을 것인가를 잘 생각하여 전화로 들은 용건의 줄거리를 전하고 담당자에게 전화를 바꿔주는 교육이 철저하지 못했기 때문에 하마터면 600만 엔의 매상을 놓쳐버릴 뻔했던 겁니다. 여러분의 회사에서는 이런 일이 없을 것이라고 생각합니다. 아무튼 소홀히 하기 쉬운 전화 받는 법, 전화 바꿔주는 법을 다시 한번 재고하였으면 하는 바람입니다.

오늘은 똑같은 말을 두 번, 세 번이나 손님에게 말하게 해서는 안 된다, 전화를 바꿀 때마다 상대에게 절대로 똑같은 말을 되풀이하게 하지 말자는 이야기를 했습니다. 감사합니다."

이 스피치도 전화를 바꿀 때마다 똑 같은 말을 되풀이하게 하지 말자는 화제가 먼저 있고, 자기가 하고 싶은 말이 나오게 된 것이다. 말하자면 하나의 사실이나 실례, 즉 화제가 이야기의 모체이며, 그 모체에서 하고 싶은 말, 주제가 생기게 된다. 그러므로 스피치를 할 때 맨 먼저 해야 할 작업은 이 모체가 되는 사실, 실례, 즉 화제를 찾아내는 것이다.

결혼 피로연의 스피치라면 신랑 신부의 인품에 대해 강하게 마음에 남아 있는 사항이라든가 결혼이라는 것에 대해 자신이 생각하고 있는 것, 회사의 조례라면 회사 안에서 최근 있었던 것 중에 인상깊이 남아 있는 것, 나아가서는 남에게 들은 것, 읽은 책 중에서 감동한 포인트를 찾아내서 거기서 자신이 말하고 싶은 주제를 이끌어낸다.

그리고 주제만으로는 추상적이어서 알 수 없으니까 구체적인 화제, 사실이나 실례로 주제를 뒷받침하면 이야기는 매우 알기 쉽게 전달된다.

# 샌드위치법으로 마무리짓는다
— 처음과 끝에 주제를 말하고 중간에 화제를 넣는다

∷ 스피치를 전개할 때는 우선,

① **주제를 좁혀서 이야기한다.**
② **사실, 실례로 뒷받침한다.**
③ **주제를 다시 한번 되풀이하여 매듭짓는다.**

이런 순서로 이야기하면 알기 쉽다. 앞에서 얘기한 '전화의 되풀이하기는 절대로 하지 말자'라는 이야기로 주제를 처음에 말하지 않고, 느닷없이 '나는 칸다의 서점에 근무하고 있습니다. 약 1년 전 일인데…….' 하고 시작했다면 어떤 이야기가 될 것인지 듣는 사람은 짐작할 수 없고 어리둥절해진다. 그러므로 우선 주제를 말해야 한다.

대체로 알기 어려운 이야기의 한 예로 추상적인 말만 니열하는 경우가 있다.

예를 들어 상사가 신입사원에게 훈시로 다음과 같은 말을 했다고 하자.

"제군은 입사한 오늘 이후, 성심 성의껏 일을 해주기 바랍니다. 손님을 비롯하여 사람들에게 친절하게, 일에는 투지 또 투지, 노력 위에 또 노력, 이것 없이 생존 경쟁에서 이길 수 없습니다. 또 일을 함에 있어서 항상 상대의 입장에서 적극성을 갖는 것이 필요합니다. 세상은 모두 거울, 자신이 한 일 전부가 자신에게 돌아온다는 것을 잊지 말고, 앞으로 더욱 분발해 주기 바랍니다."

이런 말을 듣더라도 신입사원은 무엇을 해야 좋을지 전혀 알 수 없을 것이다. 그것은 첫째로 주제가 확실하지 않다는 것과 둘째로 추상적인 '말'만 늘어놓았을 뿐으로 구체성이 하나도 없기 때문이다.

이런 이야기를 하고 있으면서 이해시켰다는 기분으로 있는 상사가 있기 때문에 어떻게 해 볼 도리가 없다. 스피치 공부를 한 적이 없는 사람은 대부분이 이와 같이 이야기한다. 그러고는 듣는 사람의 수준이 낮기 때문에 이야기를 이해하지 못한다고 자신을 정당화시킨다. 정말로 수준이 낮은 것은 이야기하는 사람인 자신이라는 것을 깨닫지 못하는 것이다.

주제(추상적인 말)를 말한 후에는 그것을 듣는 사람이 잘 이해할 수 있도록 화제(사실, 실례)를 곧 전개한다. 이 화제를 전개할 때는 '있는 그대로' 말하는 것이 중요하다. 있는 그대로라는 것은,

① 자신이 한 일, 말한 것
② 본 것, 들은 것
③ 그때 생각한 것
④ 그것에 대한 현재의 의견, 감상
⑤ 세상 일반인들의 예로부터 구전되어 온 습관이나 말

등의 다섯 요소를 받아들이는 것이다. 전화에서 같은 말 되풀이 하기의 이야기를 참고로 하기 바란다. 이 다섯 요소가 모두 포함되어 있기 때문에 이야기가 생동감이 있고, 움직임이 있고, 알기 쉬워진다. 이야기라는 것은 눈에 보이지 않는 말을 사용하여 듣는 사람의 머릿속으로 하나의 그림을 그리게 하는 것이다. 스피치를 마무리지을 때 이것이 들어가 있는지 여부를 반드시 체크해 보자.

또 한 가지, 추상적인 말이라는 것에 대해 알아보자. 'A

는 무책임한 남자다.' - 이런 표현을 하고 구체적으로 말했다고 생각하는 사람이 있는데, 이것은 구체적이 아니다. '무책임'이라는 것은 어떤 것인가. 명확하지가 않다. 이것은 추상적인 표현법인 것이다.

'A는 3시까지 하겠습니다 하고 말하면서 4시가 되어도 아직 하고 있지 않다. 10시에 서류를 드리겠습니다 하고 손님에게 약속하면서 일을 펑크 내고도 태연한 얼굴을 하고 있다.' 라는 구체적인 사실이 있다면 무책임한 남자라고 말해도 좋을 것이다.

추상적인 말이라는 것은 사실을 요약한 결론이기 때문에 결론만을 말하지 않고 사실을 그대로 말하면 듣는 사람이 무책임한 남자라는 것을 알게 한다. 이것이 바로 구체적인 표현이다.

화제를 전개하려면 다섯 요소를 받아들여서 있는 그대로 말할 것. 그리고 최후로 또 한번 주제를 말한다. 처음에 말한 주제를 잊어버리는 사람도 있으니, 처음과 끝에 주제를 말하고 중간에 화제를 넣는 샌드위치 방식의 이야기 전개를 하면 매우 알기 쉬워진다.

## 말로 그림을 그린다

눈에 보이지 않는 말로 듣는 사람에게 하나의 그림을 그려 나가게 하는 이야기법이야말로 상대를 자신의 이야기로 끌어들이는 요령이다. 그렇게 하기 위해서는 될 수 있는 한 구체적인 표현을 사용하고, 그 당시의 긴박감이 전해지도록 이야기하는 것이 중요하다.

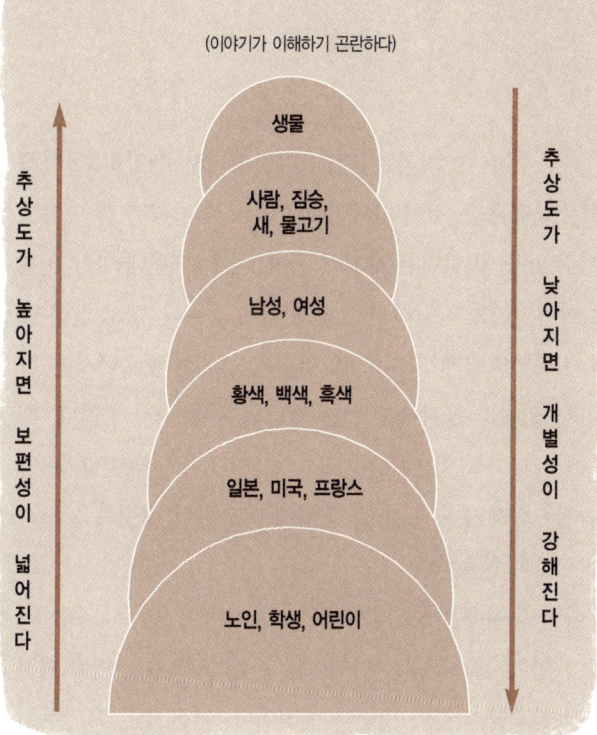

# 구어(보통 쓰는 말)를 사용한다
— 뒷받침하는 화제가 되는 것을 종이에 메모하여 정리해 두자

::이야기라는 것을 머릿속에서 생각하고 있을 때는 실로 좋은 것이 잇달아 떠오르고 이거라면 잘 이야기할 수 있을 것 같다는 생각이 들게 된다. 그런데 막상 실제로 이야기하기 시작하면 그렇게 되지 않는다. 하고 싶은 말이 지리멸렬하게 되거나, 잊어버리거나, 머릿속에서는 잘 정리되었다고 생각해도 실은 정리되지 않은 것이 많다. 때문에 스피치를 할 때는 반드시 자신이 하고 싶은 말, 뒷받침하는 화제가 되는 것을 종이에 메모하여 머릿속을 정리하는 것이 필요하다.

다만 종이에 메모한다 해도 많은 사람이 겪는 실수는 자신이 이야기할 것을 한마디, 한 구절 모두 문장으로 써서 아예 원고를 만들어 버린다는 것이다. 이런 것은 그만두는 것이 좋다. 왜냐하면 전부 문장 식의 원고를 만들면 작성이 끝난 단계에서 실제로 연단에 서서 이야기를 할 수 있는 것 같은 착각에 빠져 들기 때문이다. 원고를 썼다고 해서, 혹은 한두 번 그것을 읽고 암기했다고 해서 이야기 내용을 완전히 익힐 수 있는 것은 아니다. 사람들 앞에 서고 보면 긴장되어 암기했다고 생각했던 것이 전혀 기억나지 않게 되는 일이 종종 있다. 게다가 한마디만 잘못 말하면 그 다음은 전혀 계속할 수 없게 되는 경우도 있다.

이야기에는 구어(口語)와 문어(文語) 두 종류가 있어서 성질도, 기능도 전혀 다르다. 문장으로 작성하면 필연적으로 문어를 많이 사용하게 되어 버린다.

예를 들면 '손으로 표출하고, 눈으로 수용한다', '입으로 표출하고, 귀로 수용한다'고 말해도 그것이 무엇을 뜻하는지 모를 것이라 생각한다. 그런데 '표출(表出)', '수용(受容)'이라고 한자를 겸용해서 쓰고 눈으로 보면 의미를 곧 알 수 있다. 문어를 글쓰기가 아닌 이야기할 때 사용하면 잘 알 수 없다. 표출이 무엇일까? 수용이라는 단어도 한문에 따라서 여러 가지 의미로 해석할 수 있다. 무슨 뜻으로 사용했을까 하고 듣는 사람이 여러 가지로 생각하고 있는 사이에 이야기는 계속 앞으로 나가 버린다.

문어는 기록성이 있지만 구어에는 기록성이 없다. 그러므로 귀로 들어서 곧 알 수 없는 문어는 피해야 한다.

문장으로 작성하면 아무래도 문어(한자어)로 기술하는 경우가 많아진다. 하지만 이야기할 때 한자어를 사용하면 그것만으로 알기 어려워지거나 오해를 낳는 경우가 많아지기 때문에 피하도록 해야 한다. 또 3분이나 5분의 스피치라면 원고를 암기해도 되겠지만 1시간, 2시간의 이야기를 할 때 이것을 문장으로 작성하는 것은 상당한 수고가 필요할 것이고, 그것을 전부 암기한다는 것은 매우 어려운 일이다. 그러므로 연단 아래를 향해 시선을 두고 원고를 읽게 되는 보기 흉한 스피치를 하게 된다. 읽고 있는 것과 이야기하고 있는 것은 효과가 전혀 다르다.

# 요점을 열거한 줄거리를 만든다
## — 종이 한 장 정도 크기에 줄거리를 써 둔다

::사람은 하고 싶은 이야기를 문장 식으로 작성하면 그것을 암기하고 싶어진다. 어떤 구절에서든 순조롭게 말이 나올 정도로 완벽하게 암기해 두면 좋겠지만, 어중간한 기억법으로는 잊어버리면 어쩌나 하는 불안감이 앞설 것이다. 그러면 이야기하는 태도나 이야기 흐름도 안 좋고 억양도 없는, 그냥 단조롭게 읽어 내려가는 식이 되어 버린다. 전술한 것처럼 장시간의 스피치를 전부 암기할 수 있는 것은 뛰어난 기억력이 없으면 불가능할 것이다. 그러면 어떻게 하면 되겠는가? 그것은 요점을 열거한 줄거리를 만드는 것이다.

조례의 스피치를 예로 해서 생각해 보자. 스피치를 할 때 맨 먼저 해야 할 것은 이야기의 모체가 되는 화제(특히 자신의 마음에 깊이 남아 있는 것)를 찾아내는 것임은 이미 얘기했다.

 '그렇다, 하마터면 600만 엔의 매상을 잃어버릴 뻔했다. 그 코엔지의 이야기를 하자.' 하고 정한다. 그렇게 결정했다면

 ①그것을 머릿속에 떠올리면서 순서는 생각하지 않고 짧은 말로 한 장의 종이에 메모한다(표1). 짧은 말이 중요하다. 긴 표현은 안 된다.

 ②대충 작성했으면 다음에는 어떤 순서로 이야기하면 좋을까 순서를 생각하고 번호를 매긴다(표1의 매겨진 번호). 그리고 두 장째의 종이에 순서를 잘 고쳐 쓴다(표2).

 ③두 장째에 옮겨 썼으면 하루 이틀 그대로 두고 혹시 빠진 것은 없는가, 그 밖에 무엇을 더 첨가할 것은 없는가를 생각하고, 만약 있다면 두 장째 여백이 있는 곳에 그것을 다시 써 넣는다(점선보다 아래 항목). 같은 항목이 중복되어 있으면 하나로 정리한다.

 이렇게 하면 또 순서가 바뀌게 되므로 새로 번호를 매긴다. 이것을 다시 세 장째의 종이에 순서대로 옮겨 베끼고 항목을 정리할 것이 있으면 다시 고쳐 정리한다(표3의 검은 원의 흰 숫자). 이렇게 하여 정리된 것을 마지막 요점을 열거한 줄거리 용지에 정서한다. 그리고 이 화제에서 '전화를 거는 상

대에게 절대로 같은 말을 되풀이시키지 말자'라는 주제(자신이 제일 하고 싶은 말)를 정한다. 이 주제만은 문서로써 작성할 것. 이유는 두 가지가 있다. 하나는 20자 이내로 표현하고 있는지, 줄인 말로 되어 있는지를 체크하기 위해서다. 두 번

**표 1》**

| 2 | 전화로 기념품 600만 엔어치 주문 |
| 4 | 취소될 지경에 이르렀다 |
| 3 | 몇 번이고 같은 말을 되풀이시킨다고 야단맞았다 |
| 5 | 곧 달려가서 사과했다 |
| 6 | 무사히 주문을 수주했다 |
| 1 | 큰 은행의 기념품 |

**표 2》**

② 큰 은행의 기념품
　　전화로 기념품 600만 엔어치 주문　　　(1과 2를 하나로 만든다)
③ 몇 번이고 같은 말을 되풀이시킨다고 야단맞았다
④ 취소될 지경에 이르렀다
⑤ 곧 달려가서 사과했다
⑦ 무사히 주문을 수주했다

⑥ 관록이 붙은 과장
① 약 1년 전의 이야기
⑨ 아슬아슬했던 원인은 같은 말을 되풀이시키기
⑧ 기념품은 어느 서점에서나 취급하고 있다
⑩ 용건의 줄거리를 전하고 전화를 바꿔준다
　(손님에게 몇 번이고 같은 말을 되풀이시키지 않는다)

**표 3〉〉**

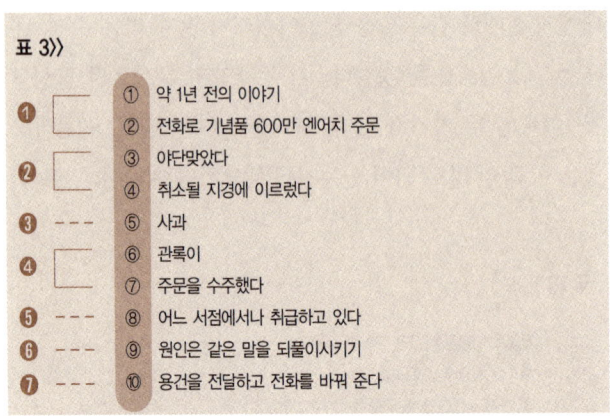

### 요점을 열거한 줄거리

● **주제**
   전화하는 상대에게 말을 되풀이시키는 행동은 절대로 하지 말자

● **화제**
  ❶ 전화로 기념품 600만 엔어치 주문
  ❷ '몇 번이고 같은 말을 되풀이시킨다'고 야단맞았다
  ❸ 곧 사과하러 달려갔다. 도량이 넓은 과장
  ❹ 왜 하마터면 주문을 놓칠 뻔했는가 (같은 말을 되풀이시킨 것이 원인)
  ❺ 용건을 전하고 전화를 바꿔준다

● **주제의 반복**
   전화하는 상대에게 절대로 말을 되풀이시키지 않도록 하자

째는 주제는 이야기의 시작이 되기 때문에 여기서 막히게 되면 눈앞이 아찔해져서 그 다음을 계속할 수 없게 되기 때

문에 시작만은 부드럽게 나갈 수 있도록 전부 글로 작성해 두기 위해서다. 주제를 다 썼으면 다음은 화제를 기입할 것.

요점을 열거한 줄거리라는 것은 이 종이에 전적으로 의지하여 스피치를 한다는 것이 아니다. 이것은 될 수 있는 한 짧은 말로 크게 쓴다. 항목도 너무 많지 않은 것이 좋다. 3분 간이라면 많아야 5항목 정도로 그친다.

이렇게 하여 석 장, 넉 장, 고쳐 베껴 나가는 사이에 자신이 말하고 싶은 것은 거의 머릿속에 들어와 버리기 때문에 실제 스피치에서는 이 종이가 없어도 이야기할 수 있게 된다. 그러나 만약 긴장해서 머릿속에 들어갔다고 생각한 것들이 나오지 않을 때는 이 요점을 열거한 줄거리만 보면 바로 이야기를 생각해낼 수 있을 것이다.

장황하게 늘어놓는 것 같지만, 항목을 잊었을 때 이야기를 생각해내는 계기가 되는 것만을 종이 한 장 정도 크기에 써 두자(특히 조그만 숫자나 이름). 짧은 말로 큰 글씨로 보고 곧 알 수 있도록 해 둘 것. 조그만 종이에 깨알만하게 써 두거나 긴 문장으로 상세하게 써 둔다면 어디에 무엇이 쓰여 있는시 깁자기 찾아내기 어렵기 때문에 안 된다.

화제를 마무리 짓는 것은 자신의 의견, 생각, 희망을 써서 매듭 지으면 확실하다. 그리고 마지막으로 다시 한 번 주제를 반복해 쓴다.

이것이 요점을 열거하는 줄거리 작성법이며, 스피치를 할 때는 실수 없도록 하기 위해서 이것을 책상 위에 두도록 권유한다.

# 아무튼 연습한다
— 처음부터 끝까지 회화 형태로 이야기해 본다

∷ 이렇게 하여 요점을 열거한 줄거리가 작성되면 그것을 바탕으로 시간도 재보고 하면서 소리내서 연습해 본다. 정해진 시간이 있으면 너무 일찍 끝나도 안 될 것이고, 시간이 초과되면 더욱 안 된다. 만약 3분의 제한 시간이라고 한다면 2분 50초 정도에서 끝나도록 하면 좋을 것이다.

시간이 초과될 것 같으면 요점을 열거한 줄거리의 항목 중 주제와 가장 관계가 작은 사항을 삭제한다. 시간이 남는 경우에는 뭔가를 덧붙일 것은 없을까, 화제는 있는 그대로 말하고 있는가를 체크한다.

여기까지 하면 3분 스피치의 경우 20회 연습해도 1시간이면 끝난다. 30회의 연습도 1시간 30분이면 끝난다. 1시간이나 2시간은 하루의 출·퇴근에 사용하는 정도의 시간일 것이다. 걸으면서, 전철을 타고 다니면서 연습해 보도록 한다. 그렇게 하면 100회 정도는 할 수 있다. 이렇게 충분히 연습해 두면 완전히 자신감이 생기고, 그렇게 되면 이야기하고 싶어 견딜 수 없게 될 것이다.

이것을 테이프에 녹음하여 객관적으로 들어 보는 것도 좋다.

회화 연습법이라는 방법을 도입해 보는 것도 하나의 방법이다. 회화 연습법이라는 것은 보통 회화의 형태로 친구나 가족에게 이야기해 보는 것이다.

'일전에 하마터면 600만 엔의 주문을 잃을 뻔했어. 지금으로부터 약 2개월 전 일인데, 우리 서점에 전화가 걸려 온 거야. 무슨 용건이십니까? 하고 물었더니 여성의 목소리로 몇 번 똑같은 말을 되풀이시켜야 됩니까? 하고 호되게 야단 맞았다네. 자세히 물어보니까 한 권에 5,000엔짜리 기념품을 1,200권이나 주문하고 싶다는 거야…….'

하고 처음부터 끝까지 회화 형태로 이야기해 본다. 친구에게든, 집으로 돌아가서 부인에게든 그렇게 이야기해 본다. 이렇게 하여 몇 사람에게 이야기하는 사이에 줄거리가 완전히 몸에 배어 쓸데없는 부분을 알게 된다. 이 회화 연습법은 아주 효과가 좋기 때문에 활용하면 좋다.

무슨 일이든지 젊었을 때 남보다 많이 창피 당하고, 노력하고, 공부한 사람은 늙어서 창피 당하지 않는다. 젊었을 때 노력하지 않고 창피를 당하지 않았던 사람은 나이 들어서 창피 당하게 된다.

이것은 스피치에서도 마찬가지로, 사람들 앞에 나갈 때까지 땀을 많이 흘리며 노력하여 준비한 사람은 사람들 앞에 나가서 창피 당하지 않는다. 반대로 사람들 앞에 나갈 때까지 충분한 준비도 하지 않고 땀을 흘리지 않았던 사람은 사람들 앞에 나가서 식은땀을 흘리고 창피를 당한다. 많은 사람들 앞에 나가 창피를 당하는 것보다는 인정받고 갈채를 받는 것이 훨씬 더 멋진 일이 아닌가.

훌륭한 스피치를 할 수 있으면 사람들로부터 감탄의 눈빛과 성대한 박수를 받는다. 존경받고 인정받아 지위도 올라가고 리더가 된다. 영광에 빛나고 아무리 많은 돈을 쌓아도 얻을 수 없는 기쁨을 얻게 된다.

반대로 변변한 준비도 하지 않고 사람들 앞에 서면 긴장되어 말도 제대로 나오지 않게 된다. 쩔쩔매면서 얼굴이 새빨개진다. 죽고 싶을 정도로 창피를 당한다. 열등감에 괴로워하고 자존심은 상처입고 사람들로부터는 무시를 당한다. 철저히 준비를 하고 스피치에 임할 것인지 아무런 준비도 하지 않고 사람들 앞에 나갈 것인지 길은 둘 중에 하나다. 그 다음은 자신의 의사로 어느 쪽 길을 택할 것인가를 결정하는 것이다.

# 07 이야기의 생명, 화제를 모으는 7가지 방법

1. 화제를 발견한다

2. 체험 속에서 재료를 발견한다

3. 메모된 것에서 화제를 얻는다

4. 남의 이야기 속에서 재료를 발견한다

5. 화제를 모으려는 의욕을 갖는다

6. 허공에서 재료를 포착한다

7. 자기 나름의 의견을 갖는다

# 1 화제를 발견한다
― '재료야말로 이야기의 생명'

:: 스피치의 재료를 모을 때 우선 처음에 해야 할 일은 이야기의 모체가 될 사실, 실례, 즉 화제를 발견하는 것이다. 이 화제가 없으면 도저히 좋은 스피치를 할 수 없을 것이다.

예를 들면, 이번 달이 회사의 무사고의 달이라고 하자. 여러분은 무사고 운동을 추진하는 것에 대해 뭔가 이야기를 해야 한다. 그런데 이런 경우 여러분은 기꺼이 그 역을 떠맡겠는가. 대개의 사람이 난처해 하며, 나는 적임자가 아니다, 다른 적당한 사람이 있겠지, 일이 바쁘다는 등의 구실로 도망치려 하지 않는가. 그러나 그것은 전부 구실이며, 솔직히 말해서 당신은 이야기할 것이 아무것도 없기 때문에 많은 사람들 앞에 서게 되면 곤란하다는 데 있다.

이야기할 재료가 없다는 것과 재료는 있지만 그것을 잘

조리 있게 말할 수 없다는 것을 혼동하고 있는 사람이 많다. 그리고 대부분의 경우는 재료를 가지고 있지 않은 경우이다. 재료가 없으면 아무리 명 요리사라도 맛있는 요리를 만들 수 없지만 재료만 있으면 전문 요리사는 아니더라도 맛이 있고 없고는 상관없이 일단 요리를 만들 수 있다.

스포츠의 기본은 러닝이다. 야구 선수도, 복서도 모두 뛰는 것부터 시작한다. 타자가 칠 수 없게 되었을 때나 피처의 공에 날카로운 묘가 없어졌을 때 그들은 뛰고, 뛰고, 또 뛰어서 허리와 다리를 단련시킨다. 슬럼프에 빠졌을 때는 우선 뛴다. '뛴다'고 하는 것은 재미가 없지만, 이 기본을 정확히 해 두지 않으면 좋은 결과는 절대로 나오지 않는다.

그러면 스피치의 기본이란 무엇인가. 그것은 '평소부터 재료를 모아 두는 것'이다.

예를 들면, 앞으로 조례에서 매일 스피치를 하라는 명령을 받았다고 하자. 과연 그만한 재료가 있을까? 한 번은 할 수 있어도 두 번, 세 번 계속하게 된다면 도저히 이야기 재료가 없다고 하는 것이 현실이 아닐까? 그래서 얼마 못가 '오늘 하루도 분발합시다'로 끝을 맺는 것이 고작일 것이다.

이야기를 잘 하는 사람은 대개 평소부터 부지런히 재료를 모으는 노력을 하고 있다. 이 재료를 '이야기 밑천'이라고도 말하는데, 스피치를 잘 하고 싶으면 이 밑천을 많이 준비해 두어야만 한다. '재료야말로 이야기의 생명'이라는 것을 잊어서는 안 된다.

# 체험 속에서 재료를 발견한다
— 구체적으로 이야기하면 알기 쉬운 스피치를 할 수 있다

:: 스피치의 재료는,

<u>① 자기 자신의 체험 속에</u>

<u>② 메모한 것들 중에</u>

<u>③ 타인의 이야기 속에</u>

있다. 이 중에서 가장 중요한 것은 자신의 체험 속에서 재료를 모은다는 것이다.

매일 아침 일어나 전차를 타고 회사로 출근한다. 식사 시간에는 식당이나 레스토랑에 가거나, 백화점이나 슈퍼 등에서 쇼핑을 하거나, 가끔 호텔이나 여관에 투숙한다. 매일 실로 많은 체험을 하고 있을 것이다.

예를 들면, 개점 시간 전의 중화 요리 식당에 갔을 때 기분 나쁜 대접을 받은 경험은 흔히 있다고 생각한다. 그런데 대부분의 사람은 그것을 재료로 생각하지 않는다. 그냥 잊어버리고 마는 것이다.

    그러나 나는 말 표현법의 프로이기 때문에 그것을 재료로써 메모해 둔다. 그렇게 하면 접객의 이야기를 해달라는 부탁을 받은 경우, 이 에피소드를 사용하여 이야기할 수 있다. 그렇게 함으로써 내 체험이 화제로서 살아나게 되는 것이다.

    회사 안에서도 그런 좋은 예나 나쁜 예는 많이 있을 것이다. 일은 누가 시키기 전에 시킨 것 이상의 것을 하는 것이 남에게 인정받을 수 있는 중요한 것이라고 기술했는데, 전에 나의 회사에서 이런 일이 있었다.

    내가 원고를 쓰기 위해 연필이 필요하게 되어 최근에 갓 입사한 S라는 여직원에게,

    "문방구에 가서 B 연필을 다섯 자루 사다 줄 수 없겠나?"

    하고 부탁했다.

    이런 경우 눈치 없는 여직원이라면, '여기 사 왔습니다.' 하고 연필을 깎지 않고 그대로 가지고 온다. 그러면 나는 내가 연필을 깎거나, "깎지 않은 연필로 쓸 수는 없잖겠나. 빨리 깎아다 주게."

    하고 부탁할 것이다.

그 마음속에는 '눈치가 없구나' 하는 생각과 더불어 그 사람에 대해 낮은 평가밖에 주지 않는다.

그런데 이 S라는 여직원은 연필을 예쁘게 깎아서 지우개까지 함께 케이스 안에 넣어 가지고 왔다. 이것을 보고 나는 정말 눈치 빠른 사람이라고 감탄했다. 이런 사람은 사랑해 주고 싶은 마음이 든다. 이런 사소한 일은 재료를 모으려는 마음을 가지고 있지 않으면 그만 간과해서 잊어버린다. 이 에피소드는 '시키기 전에 시키는 것 이상의 일을 한다'는 중요성을 이해시키는 데 좋은 예가 되리라 생각한다. 조금만 신경을 쓴다면 '이야기 밑천'이 되는 이야기의 재료는 주위에 얼마든지 있는 것이다.

나는 항상 화술 교실의 수강자에게 스피치라는 것은 '머리로 이야기하는 것이 아니라 몸으로 이야기하는 것'이라고 말하고 있다. 몸으로 이야기하라고 하는 것은 입으로만 말하는 것이 아니라 몸 전체를 사용해서 이야기하라는 의미와, 머릿속에서 추상적인 것을 짜내서 이야기하는 것이 아니라 자신이 체험한 것을 이야기하라는 두 가지 의미가 있다.

결혼 피로연에서 나는 자신의 체험을 바탕으로 다음과 같은 이야기를 할 때도 있다.

"축하합니다. 신부 카즈코 씨에게 한마디 부탁하고 싶습니다. 그것은 '언제까지나 남편이 제일'이라는 것을 잊지 말아 주었으면 하는 것입니다."

최근에는 결혼하면 두 사람만의 생활을 시작하는 경우가 대부분이다. 두 사람뿐이기 때문에 처음에는 서로에 대해 깊은 관심이 있다. 부인은 남편의 건강을 생각하고, 밤의 생활도 잘 부탁하고 싶기 때문에 생계란, 계란 프라이, 달걀 부침, 된장국 속에도 달걀이라는 식으로 아침, 점심, 저녁 할 것 없이 식탁에 내놓는다.

그런데 이것은 신혼 생활을 시작했을 때뿐이지 이윽고 아이가 둘, 셋 생기면 아이의 된장국에는 달걀이 들어 있어도 아이 아빠의 된장국에는 들어가지 않게 된다. '내 된장국 속에는 왜 달걀이 없나.' 하고 말하면, '당신은 이제 다 자랐잖아요.' 하고 점점 소홀해진다. 이래서는 남편도 재미없어져 밖으로 나돌게 되고 말 것이다. 그러나 이렇게 되면 곤란하다.

남편이 건강하게 열심히 일함으로써 가정은 성립되는 것이기 때문에 아이가 몇이 생기든 언제나 남편이 중심이라는 것을 잊어서는 안 된다.

자신의 체험에서 나오는 이런 내용의 이야기를 하면 여

기저기서 웃음소리가 나고 큰 박수 소리가 들려온다.

체험 속에서 재료를 찾아낼 것을 항상 유의하여 될 수 있는 한 자신의 체험을 구체적으로 이야기하면 멋진 스피치를 할 수 있을 것이다.

# 3. 메모된 것에서 화제를 얻는다
— 칼이 없으면 적당히 찢어서라도 보관해 두도록 하자

:: 스피치를 하는 경우 자신의 체험 속에서 화제를 발견하는 것이 제일 좋다고 했는데, 한 사람의 체험이라는 것은 실로 미미한 것이다.

지구상에는 60억의 인간이 있다. 여기서 자기 혼자의 체험은 60억 분의 1에 불과한 셈이 된다. 게다가 동서고금에 얼마나 많은 사람들이 과거에 있었는가를 생각하면 자기 혼자의 체험 따위는 전혀 보잘것없는 것이다. 그 속에는 그리스도나 석가, 아리스토텔레스, 칸트, 헤겔, 아인슈타인, 록펠러, 카네기, 포드 등 인격적으로 뛰어나거나 머리 좋은 사람, 대단한 부자도 있었다. 자신은 머리가 좋다, 돈이 많다고 생각해도 도저히 그 사람들과는 비교도 안 된다. 그러므로 언제나 자신의 부족함을 부끄러워하고, 겸허하게 많은 사람들의 고귀한 체험을 자신의 부족한 체험에 플러스

시켜가는 자세를 갖는 것이 중요하다.

이러한 많은 사람들의 체험은 단행본이나 신문, 잡지 속에 들어 있다. 자신의 체험을 제1차 정보라 한다면 이것들은 제2차 정보가 된다. 이들 속에는 이야기 밑천의 보고가 될 만한 무궁무진한 재료들이 가득 채워져 있다.

예를 들면, 이런 기사가 신문에 나와 있었다.

"당신, 언제까지 만년 과장으로 있을 거예요!"

라는 아내의 한마디에 남편은 화가 머리끝까지 났다. 순간적인 분을 이기지 못해 아내를 목 졸라 죽여 경시청 수사1과와 타카이도(高井戶) 서에 살인 혐의로 체포된 ○○세이코 도쿄 제1지사 영업 과장 M(51세)은 12일, '아내에게 만년 과장이라고 트집 받은데다가 친구 험담을 하는 바람에 열이 받아 죽였다.'라고 범행 동기를 자백했다.

자백에 의하면 M은 11일 밤 12시경, 1층 방에서 잠자고 있다가 같은 날 새벽 3시경 잠을 깨서 화장실로 갔다. 방으로 돌아와 보니 아내 K씨(47세)도 일어나 있어서 말다툼을 하게 되었다.

"당신, 언제까지 만년 과장으로 있을 거예요?"

하고 K씨는 M에게 따졌다. K씨는 집의 신축 자금 천만 엔을 M이 친구에게 맡겼다고 하는데도 믿지 않고 비난하였다. 그 바람에 아내의 입을 다물게 하려고 몸을 잡았더니 K씨가 '나를 죽일 생각이야?' 하고 말하자 발끈해서 아내의 목을 졸랐다고 했다.

이 기사를 읽었을 때 재료를 모으려는 의욕이 없는 사람은 '이런 일이 있었나' 할 뿐 그저 간과해 버린다. 그런데 재료를 모으려는 의욕이 있는 사람은 이런 조그만 기사 하나라도 놓치지 않고 자존심에 상처 입힌다는 것이 얼마나 무서운 것인가를 생각하고 다음과 같은 이야기를 조례에서 말할 수도 있다.

"여러분, 좋은 아침입니다. 오늘 아침에는 '사람의 자존심에 상처를 입히지 말라'는 것을 이야기하겠습니다(주제를 처음에 말한다).

(곧 사실, 실례를 있는 그대로 이야기한다) 전날의 신문에 이런 기사가 나와 있었습니다(라고 말하고 기사를 모두에게 보이면서). 한 남편이 부인으로부터 '당신이란 사람은 언제까지 만년 과장으로 있을 거예요?' 라는 말을 듣고 '울컥' 해서 부인을 목 졸라 죽인 사건입니다. 또 1년 전의 신문에는 역시 부인

이 남편에게 '변변히 벌지도 못하는 주제에 잘난 체하기는...... 당신 혼자만이 남자가 아녜요!' 라고 말하는 바람에 목 졸라 죽였다는 사건도 있었습니다. 남자로서 이렇게 자존심에 상처를 입는 말은 없습니다.

인간은 자존심의 동물이라고 하는데, 남의 자존심에 상처를 입히면 자신의 목숨까지 빼앗긴다고 하는 예입니다. 반대 입장에서 우리들은 이런 말을 하고 있지는 않습니까? 이것은 나의 실수담인데, 전날 점심 식사 후 곧바로 누웠더니 아내가, '밥 먹고 곧 누우면 소가 돼요.' 하고 주의를 주길래, '그래도 당신처럼 돼지가 되지 않았으니 정말 다행이야.' 하고 말해서 아내를 몹시 화나게 하고 말았습니다.

나로서는 농담으로 한 말인데 아내는 한동안 말도 하지 않고 하여 몹시 난처했었습니다. 무심코 한 말이라고는 하지만 만일 직장에서 이런 말을 사용하면 큰일 날 겁니다. '너 같은 것을 두고 월급 도둑이라는 거다', '이 정도 일은 어린애도 할 수 있다', '아니, 가정 교육을 어떻게 받았나, 부모의 얼굴을 한번 보고 싶군.', '너란 사람 정말 구제 불능이다', '멍청한 것!', '아니, 무슨 일이든 제대로 하는 게 없어', '뚱보', '여자가 주제넘게......' 등의 말은 상대를 화나게 하기 쉽습니다.

말한 측은 '무심코 나와서……' 하고 끝낼 수 있겠지만, 들은 쪽은 '뭐라고 이 놈이!' 라는 기분이 됩니다. 내 친구 중에도 상사로부터 '무책임하다' 는 말을 듣고 회사를 그만둔 친구가 있습니다.

말이란 참 무서운 것입니다. 단 한마디로 사람에게 상처를 입히고, 인간관계를 나쁘게 하고, 중요한 부하 직원을 그만두게 합니다. '말을 사용한다는 것은 마음을 쓰는 것'. 사람의 자존심에 상처를 입히는 말은 사용하지 않도록 서로 조심해야 할 것입니다.

오늘은 사람의 자존심에 상처를 입히지 말자는 것을 말씀드렸습니다."


또 한 가지, 이번에도 신문 기사를 재료로 한 스피치이다.


"여러분, 좋은 아침입니다. 오늘은 사고 중에서도 자동차 사고를 없애기 위해 '제한 속도는 절대로 지키자' 라는 이야기를 하고자 합니다.

한 신문에 다음과 같은 흥미 있는 기사가 나와 있었습니다. 그것은 '추월 운전으로 과연 목적지에 빨리 도착할 수 있는가'라는 실험을 시즈오카 현(靜岡縣)의 트럭 협회가 행한 결과의 발표입니다. 어떤 실험인가 하면, '국도 1호선의 JR 시즈오카역 앞에서 하마나코(浜名湖:호수 이름) 서쪽의 아이치 현(愛知縣) 경계까지의 102킬로미터 거리에 4대의 중형 승용차를 달리게 했다. 앞의 2대는 시속 60킬로미터로, 될 수 있는 한 추월 운전을 한다. 나머지 2대는 50킬로미터 이하의 속도를 절대로 유지하며 차 간 거리를 지키며 추월도 하지 않는다. 밤 6시 30분에 동시에 스타트했다. 그 결과는 서두른 쪽의 승용차는 83대의 차를 추월하였고, 서두르지 않은 쪽 승용차는 77대에게 추월 당했다. 그러나 도착 시간의 차는 불과 10분이었다. 돌아오는 길에는 서두른 쪽의 소요 시간은 2시간 58분, 서두르지 않는 쪽은 3시간 4분이었다. 불과 6분의 차였다.'

실험을 지휘한 과장은, '갈 때는 서두르지 않는 차를 타 한가로웠지만 돌아오는 길은 서두르는 차를 타 추월할 때마다 아슬아슬해서 도착하고 나니까 몸이 녹초가 되었다.'라고 말하고 있습니다.

어떻습니까, 여러분. 자동차 사고의 가장 큰 원인은 무리한 추월 운전에 있다고 합니다. 그런데 아무리 서둘러도 120킬로미터를 달릴 때는 6분, 17킬로미터를 달릴 때는 1

분밖에 차이가 나지 않는 겁니다. 시내에서 신호가 많은 곳이라면 20킬로미터 달려도 1분의 차이 정도밖에 안 될는지도 모릅니다. 불과 2, 3분 때문에 목숨을 걸고 있는 겁니다. 무리한 추월 운전이 얼마나 어리석은 것인지 알 수 있을 겁니다. 대기 신호 때 무리하게 나가 봤자 다음 신호에서 빨간 신호에 걸립니다. 그러면 뒤차가 따라붙어서 결국 먼저 간 차나 뒤따라간 차나 같은 시간대가 되어 버립니다. 차를 운전할 때에는 제한 속도를 절대로 지키고, 무리한 추월 운전은 하지 않도록 주의합시다. 단 목숨이 아깝지 않은 사람, 살아 있는 것이 싫은 사람이라면 관여할 바가 아닙니다."

이와 같이 쓰여 있는 것은 재료의 보고다. '이것은 이런 경우에 사용할 수 있겠다.' 하는 생각이 들었다면 잊어버리지 않도록 곧 잘라 둔다. 칼이 없으면 적당히 찢어서라도 보관해 두도록 하자.

# 남의 이야기 속에서 재료를 발견한다
— 남의 이야기 속에서도 재료는 얼마든지 모을 수 있다

::이 책을 읽고 있는 여러분은 틀림없이 공부를 좋아하기 때문에 여러 가지 강연회나 세미나에 참가하여 많은 사람들의 이야기를 들을 기회를 스스로 만들고 있을 것이다. 그리고 그런 데서 이야기할 재료도 많이 얻을 수 있을 것이다.

나는 말 표현법 교실의 개강식에서 남에게 호감을 사는 중요성을 이야기한다. 그 하나로써 적극적으로 인사하라고 강조한다. 인사는 상대가 하니까 이쪽도 한다고 하는 수동적인 것이 아니라 인간이 마땅히 해야 할 행위인 것이다. 인사의 진정한 의미는 '마음을 열고 상대에게 접근하는 것'이라는 것과, 상대를 변하게 하고 싶으면 먼저 자신이 변하는 것이 중요하다고 하는 이야기를 2시간 이상이나 한다.

수강자 중에는 이런 이야기를 듣고도 메모를 하여 두었

다가 재료로써 얻으려고 하지 않는 사람이 많이 있는데, 한편 열심히 재료를 모으려 하는 사람은 그 이야기를 회사에 가지고 돌아가 조례 때 스피치의 재료로써 사용한다.

신은 인간에게 하나의 입과 두 개의 귀를 주었다. 이것은 무엇을 의미하는가 하면, 자신이 한 가지를 말하면 남의 이야기는 두 배로 들으라는 것이다.

『수문기(隨問記)』라는 불교 서적 중에도,

"하라, 보라, 들어라, 할 수 없으면 보라, 볼 수 없으면 들어라".

라는 말이 있다. 이것은 인간이 성장하려면 자신이 체험하는 것이 제일 중요하지만 체험할 수 없다면 많이 보도록 하라, 보는 것도 할 수 없으면 하다 못해 듣도록 하라, 성장해 가는 데 있어서 듣는다는 것은 최소한의 조건이다 라고 가르치고 있는 것이다.

자신이 자신에 대해 열심히 이야기하고 있어도 결코 지식은 늘지 않는다. 남의 이야기를 듣고서야 비로소 몰랐던 것도 알게 되고, 지식도 풍부해지며, 현명하게 된다. 어리석은 자는 이야기하고, 현명한 자는 듣는다. 남의 이야기를 많이 듣고 부지런히 지식을 흡수하는 것이다.

나고야(名古屋)에 '다이와(大和) 관광' 이라는 회사가 있다.

이 회사의 사장은 일본 사우나 업계의 회장도 겸임하고 있다. 우리 화술 교실의 '3일 세미나'를 졸업한 사람이며, 나의 팬이기도 하다. 나고야에서 세미나를 개최할 때마다 간부 사원을 몇 명씩 반드시 참가시키고 있으며, 그때마다 저녁 식사 자리를 만들어 준다. 실로 남을 잘 보살피고, 인정이 두텁고, 성실하며, 의리가 있는 사람이다.

그의 식사 대접을 받았을 때, 이런 이야기를 들을 수 있었다.

업계의 걸리버라고 하는 N증권의 세일즈맨이 내가 출장 중에 전화를 걸어왔다. 비서가 사장은 출장 중이라고 말했더니, '아, 그렇습니까. 나는 N증권의 타나카라고 하는데 그럼 사장님이 돌아오시면 전화 걸어 달라고 전해주십시오.' 하고 전화를 끊었다는 것이다. 사장은 비서에게 이 이야기를 듣고 몹시 화가 났다.

"아니, 돌아오면 전화를 걸어 달라니, 이 무슨 건방진 소리냐. '돌아오시면 다시 전화하겠습니다만 우선 전화가 왔었다고 전해주십시오.'라는 식으로 말하면 얼마나 좋은가. 앞으로는 일체 거래 중지다."

하고 말하고는 정말 그 후 거래를 끊어 버렸다.

그는 또 이것과는 정반대의 예도 있었다고 하며 다시 이야기를 계속했다.

K증권의 세일즈맨이라는 사람이 8시 30분에 사장인 내가 회사에 출근하자 현관 앞에 서 있다가 참고로 해달라며 자료를 건네 주었다. 나는 고맙다는 인사를 하고 자료를 받아들고 사장실로 들어갔다. 그로부터 이 세일즈맨은 비 오는 날도, 바람 부는 날도 하루도 빠뜨리지 않고 매일 회사 현관에 와 있었다. 그렇게 계속하기를 1년 6개월. 보름이나 한 달이라면 계속할 수 있는 사람도 있지만 그는 1년 6개월 동안 하루도 빠뜨리지 않았다. 과연 사장인 나조차도 감동하여 이 세일즈맨과 거래를 해주었다. 그러면서, "자네는 대단한 사람이야. 보통 사람으로는 좀체 그렇게 할 수 없을 거라 생각하네. 그래서 말인데, 물론 그런 일은 없을 거라 생각하지만 만약 어떤 사정으로 지금의 회사를 그만두는 일이 있으면 언제라도 우리 회사에 오게. 자네 신병은 내가 맡겠네."
라고 말해 주었다.

나는 이 이야기를 세일즈맨 교육을 할 때 항상 사용하고 있다. 이와 같이 남의 이야기 속에서도 재료는 얼마든지 모을 수 있다는 것을 이제 알았을 것이다.

# 5 화제를 모으는 의욕을 갖는다
— 원하고 있지 않을 때는 아무것도 깨닫지 못한다

∷이야기의 재료는 여러분 주위에 얼마든지 있다는 것을 앞에서 얘기했다. 그러나 화제가 여러분 주위에 많이 있어도 그것을 재료로써 포착할 힘이 있는 사람과 포착할 수 없는 사람이 있다.

훌륭한 스피치가 되면 남에게 존경받고 인정받아 지위도 오른다. 그러나 사람들 앞에서 변변한 말도 못한다면 남들에게 무시당하고 경멸당해, 승진이나 승급 같은 것을 꿈꾸기엔 마음이 불안하다. 스피치 실력의 유무, 자기 표현력의 강약이 앞으로 자신의 일생에 얼마나 큰 영향을 초래할 것인가를 먼저 곰곰이 생각해야 할 것이다.

그리고 정확한 스피치를 하기 위해서는 우선 화제를 모으는 중요성을 자각하고 모으려고 하는 의욕을 갖는 것이 중요한데, 의욕을 갖지 못하면 어떤 일도 시작할 수 없다.

다이어트를 하려는 사람은 3개월 이내에 10킬로그램의 체중을 감량하겠다는 의욕을 갖지 못하면 성공할 수 없다.

스피치의 경우는 재료가 이야기의 생명이다. 재료가 없으면 스피치를 할 수 없기 때문에 될 수 있는 한 좋은 재료를 많이 모아야 하는 것이다. 그리고 재료를 모으려고 하는 의욕을 가지고 생활하게 되면 이상하게 지금까지 보이지 않았던 것들이 보이게 된다.

여러분은 지금 무엇을 원하고 있는가? 집을 갖고 싶다, 차를 갖고 싶다, 양복을 사고 싶다, 구두를 사고 싶다 등등 원하는 것이 많이 있을 것이다. 원하고 있지 않을 때는 아무것도 깨닫지 못했던 것을, 원하게 되자 그 순간 여러 가지가 눈에 보이게 되는 체험을 한 적이 있는가.

예를 들면, 차를 갖고 싶은 생각이 없는 사람은 지금 어떤 차가 유행하고 있는지, 색은 어떤 색의 차가 좋을지, 가격은 얼마 정도인지 전혀 의식하지 않는다. 그러나 차를 갖고 싶다고 생각하는 순간 거리를 달리고 있는 차가 마음에 들어오기 시작한다. 미니 밴이 최근 유행하고 있다든가, 대형보다 소형차가 압도적으로 많다든가, 경자동차의 디자인이 참신해졌다든가 하는 식으로, 여러 가지를 생각하게 된다.

이것은 차를 갖고 싶다는 의욕을 가졌기 때문에 지금까지 눈에 보이지 않았던 것, 마음 쓰지 않았던 것이 눈에 들어오게 된 것이다.

화제를 모으기 위해서는 우선 모으겠다는 의식을 가질 것. 그렇게 하면 직장 생활 속에서, 자신의 체험 속에서, 책이나 신문에 쓰여져 있는 것들 속에서, 남의 이야기 속에서도 얼마든지 재료를 모을 수 있다.

# 6 허공에서 재료를 포착한다
— '밀어서 안 되면 당겨보라'

:: 우리들의 생활 공간 속에는 전세계의 전파가 흐르고 있다. 일본어 방송은 물론이고, 영어, 프랑스어, 중국어, 한국어의 방송이 충만해 있다. 아름다운 클래식 음악도, 록도, 재즈도, 엔카(演歌:일본 유행가)도 흘러나오고 있다. 그러나 아무리 훌륭한 음악이 흐르고 있어도 전파를 캐치하는 수신기가 없으면 그 소리를 캐치할 수 없다. 수신기가 있어도 고장 나 있으면 들을 수 없다.

화제는 주위에 얼마든지 굴러다니고 있지만 그것을 재료로써 캐치하는 힘이 있느냐 없느냐 하는 것이 문제다. 그러면 재료를 모으는 수신기란 무엇인가? 바로 머리다. 머리가 고장 나 있거나 머리가 잠자고 있는 상태라면 체험해도, 보아도, 들어도 재료로써 포착할 수 없다.

호시노 테츠로(星野哲郎) 씨는 유명한 작사가다. 그가 단골로 출입하는 포장마차 주인이 암으로 죽고 난 후 그 부인이 그 가게를 지키고 있었다. 바로 그 포장마차에서, 호시노 씨는 "나는 남보다 훨씬 긴 인생을 걸어왔다고 생각했는데, 돌이켜보면 필경 하루 한 걸음밖에 걷지 못했어."

하고 중얼거렸다. 그 말을 들은 부인은,

"3일이면 세 걸음 걸을 수 있잖아요."

하고 말했다.

이 말이 묵직하게 작사가의 가슴을 울렸다. 인생이란 그런 것인가. 이것은 노래가 될 수 있다 하고 생각했다. 이렇게 해서 만들어진 것이 그 유명한 '365 걸음의 행진곡'이다.

또 한 번은 신주쿠(新宿)의 포장마차에서 한 잔 마시고 있을 때의 일이다. 취해서 공중 화장실의 문을 두드렸지만 열리지 않았다. 그러자 옆 포장마차의 여주인이,

"밀어서 안 되면 당겨봐요."

하고 말했다.

그는 순간, 이것이다! 하고 생각했다. 그리고 만들어진 것이 '밀어서 안 되면 당겨보라'라는 노래라고 한다.

이것이 허공에서 재료를 포착한다는 것이다.

내가 한 빌딩 화장실에 들어갔을 때 거기에 많은 낙서가

있었다.

'낙서는 필요하다. 인간은 고독을 견딜 수 없다. 그 때문에 낙서는 필요하다.'

라고 적혀 있었다. 그 옆에는 또,

'부지런히 써라. 그것을 읽음으로써 고독을 견딜 수 있는 것이다.'

라고 적혀 있었다. 그리고 또 그 옆을 보니 이렇게 적혀 있었다.

'쓰는 사람은 좋지만 지우는 사람이 되어보라. 청소부.'

자신도 모르게 웃음이 나왔지만 낙서에서 힌트를 얻어 인간 고독에는 견딜 수 없다,라는 이야기를 할 때 나는 재료로써 사용하고 있다.

허공에서 재료를 포착할 수 있는 사람이라면 친구와의 대수롭지 않은 대화에서도 재료를 모을 수 있을 것이다.

# 자기 나름의 의견을 갖는다
— 인간은 지적이 아닌 호기심, 요컨대 속물 근성이라는 것이 왕성하다

::허공에서 재료를 포착한다고 하는 것을 좀더 구체적으로 말하면 뭔가를 하거나, 보거나, 듣거나 할 때 항상, '왜?' '어떻게?' 라는 지적 호기심, 문제 의식을 작용시켜 거기서 자신의 의견을 확립한다는 것이다. 한편 인간은 지적이 아닌 호기심, 요컨대 속물 근성이라는 것이 왕성하여, 사람들이 떼지어 있으면 자신도 그 장면을 보고 싶어진다. 조그만 구멍 옆에 '이 구멍을 들여다 보지 말라' 라고 적혀 있으면 십중팔구는 들여다보고 싶어진다. 그런데 지적이 되면 그런 것을 순간적으로 하지 않게 되는 것이다.

예를 들어, 레스토랑에서 아이스크림을 주문하면 웨하스나 쿠키가 곁들여 나온다. 이런 때 왜 이런 것이 곁들여 있는가 하고 의문을 가지고 웨이터에게 물어보면 지식이 하나 늘게 된다. 차가운 아이스크림을 먹고 있으면 혀의 감각이 무뎌진다. 그때 웨하스나 쿠키를 먹으면 혀의 감각을 되찾을 수 있으므로 곁들여져 있는 것이다. 이런 것을 생각해 보려고도 하지 않기 때문에 먼저 웨하스만 먹어 버린다거나 스푼이 있는데도 쿠키에 묻혀서 먹고 있는 사람도 있다.

손님을 접할 때 웃음 한번 보이지 않는 여성도 있다. 그런 주제에 동료끼리 이야기하고 있을 때는 생글생글 웃고 있다. 왜 그런 불쾌한 응대를 하는 것일까? 택시 운전기사도 마찬가지이다. 요금을 주어도 고맙다는 말 한마디 없는 사람이 많이 있다. 왜 그럴까?

이것은 모두 경영자가 일에 대한 마음가짐, 손님이 있고 자신의 생활이 있다고 하는 감사하는 마음을 종업원에게 철저히 교육시키지 않았기 때문이다. 과연 그런데도 점포나 회사가 번성할 수 있을까? 번성할 리 없다.

전에 내가 나고야에 있는 유하임이라는 레스토랑에 들어갔을 때의 일이다. 메뉴를 보니 디너 코스가 있고 오르되브르, 수프, 생선 요리, 샐러드, 디저트, 커피라고 적혀 있었다. 나는 웨이트리스에게 생선 요리는 무엇인가, 고기 요리는 쇠고기인가 돼지고기인가, 로스인가 등심살인가 등

을 물어보았다. 고기는 등심살로 백 그램 정도라고 해서,

"그럼, 그것으로 부탁합니다. 고기는 레어(설구운 것)로……"

라고 부탁했다.

그런데 정작 나온 고기는 등심살이 아니었고, 더구나 속까지 전부 익힌 것이었다. 나는, "이건 등심살이 아닌 것 같은데요. 또 굽는 것도 레어라고 했는데 전부 익혔으니 어떻게 된 겁니까?"라고 물었다. 웨이트리스는,

"이건 스모크 비프이기 때문에 레어가 될 수 없습니다."

라고 말했다.

"하지만 등심살을 부탁하지 않았습니까?"

라고 말하자,

"등심살은 이제 없습니다."

라고 대답했다.

귀찮아서, '에이, 먹어 버리자.' 하고 한 입 베어서 먹었더니 꼭 솜방망이를 씹는 것 같아서 도저히 먹을 수가 없다. 그래서 지배인을 불러서 사정을 말하자 불만 섞인 표정을 지으며 등심살로 바꿔주었다. 손님이 잠자코 있으면 메뉴와 다른 것을 강요하여 그것으로 밀고 나가려고 생각한 것일까.

계산대에서 요금을 지불할 때 나는 친절한 마음으로 그 지배인에게,

"이런 일이 없도록 교육시켜 두는 것이 좋을 겁니다."

하고 한마디 해주었다.

그런데 지배인은 달다 쓰다 한마디 말도 없었다. 요금을 받아도 고맙다는 인사 한마디 없고, 마치 '쓸데없는 참견 마라.' 하는 표정을 짓고 있었다.

이런 일을 당했을 때, '거짓 장사는 손님을 잃는다' 라든가 '남이 주의를 주면 감사하다는 말을 해야 한다' 라는 자신의 의견을 가질 것이다. 어떤 경험에 대해 자신이 의견을 가지게 될 때 체험한 것, 본 것, 들은 것 전부가 스피치의 재료가 되는 것이다.

## 인생의 성공도를 체크해 보자

**질문에 솔직히 대답하고, 해당되는 항목에 O을 친다**

1. 아침에 기분 좋게 일어날 수 있다.
2. 가족이나 이웃 사람, 회사 사람에게 밝은 목소리로 인사한다.
3. 별로 친하지 않은 사람에게도 자신이 먼저 적극적으로 인사한다.
4. 회사 출근 시간보다 15분 이상 일찍 출근한다.
5. 일을 시작하면 몰두하게 된다.
6. 마땅히 해야 할 일을 전부 마치지 않으면 안심할 수 없다.
7. 일은 취미에 가까울 정도로 즐겁다.
8. 집에 돌아가서도 일을 생각하게 된다.
9. 회의에서는 적극적으로 발언한다.
10. 상사에게 업무상의 의견이나 제안을 자주 한다.
11. 상사로부터 지시 받은 일은 하던 일을 일시 중단하고 그것부터 먼저 한다.
12. 손님이 오거나 전화가 울렸을 때는 맨 먼저 나간다.
13. 손님이 기뻐하고 회사에 이익이 되기 위해서는 어떻게 하면 될 것인가를 잘 생각한다.
14. 실수했을 때, '좋아, 어떻게든 신용을 되찾자' 하고 생각한다.
15. 질책 당했을 때는 솔직히 사과하고 감사하다는 말을 한다.
16. 친구나 친지가 병들었을 때는 문병을 간다.
17. 부모를 소중히 한다.
18. 남이 기뻐하는 일을 적극적으로 하고 있다.
19. 남에게 무엇을 주기를 좋아한다.
20. 남이 자신의 집에 오는 것이 기쁘다.

■ **진단 결과**

O이 15개 이상인 사람 → 성공할 가능성이 높다
O이 10~14개인 사람 → 자신의 성격을 고쳐보고 좀더 노력할 것
O이 10개 이하인 사람 → 자신의 생활 태도나 사고 방식을 바꾸지 않으면 비참한 인생을 보내게 된다

# 08
## 마음을 전하는 스피치 7가지 기술

1. 니드(수요) 화법으로 이야기한다

●

2. 입을 열자마자 놀라게 한다

●

3. '당신', '당신'으로 전개한다

●

4. 비유를 잘 하는 사람이 돼라

●

5. 개별성이 강한 말을 사용한다

●

6. 불완전 예고법을 사용한다

●

7. 기승전결법을 사용한다

# 니드(수요) 화법으로 이야기한다
— 듣는 사람은 자신과 이해 관계가 있는 이야기를 열심히 듣는다

::미국의 화술 연구가였던 데일 카네기의 유명한 말이 있다.

"당신은 물고기를 낚을 때 바늘 끝에 무엇을 끼우는가? 자신이 치즈를 좋아한다고 해서 바늘 끝에 치즈를 끼운다면 물고기는 낚이지 않는다. 당신이 싫어하는 것이라도 물고기가 좋아하는 지렁이를 끼워야 물고기를 낚을 수 있을 것이다."

스피치도 이와 마찬가지이다. 자신이 말하고 싶은 것을 아무리 말해도 듣는 사람이 흥미가 없으면 이야기를 들어주지 않는다. 그런데 대부분 이야기하는 사람은 듣는 사람이 어떤 이야기라면 들어줄 것인가를 전혀 생각하지 않는다. 자신의 입장에서 자신의 흥미로밖에 이야기하지 않는다.

예를 들어 경비 절감에 대해 협력해 주기 바란다고 하는 것을 말할 경우,

"지금, 회사의 경영 상황은 정말 어려운 국면에 서 있다. 이런 때 직원 한 사람, 한 사람이 경비 절감에 좀더 협력해 주기 바란다."

라고 직선적으로 말하는 것은 회사의 입장에서 이야기하고 있는 셈이 된다. 이것은 치즈를 바늘 끝에 끼우고 물고기를 낚으려는 것과 같은 것이다. 이런 이야기는 상대의 가슴에 와 닿지 않기 때문에 귀담아 듣지 않는다. 이런 경우에는,

"여러분, 이것이 뭔지 아십니까? 그렇습니다, 클립입니다. 이 클립 하나가 여러분의 승진에 크게 영향을 미친다는 이야기를 하겠습니다."

하고 클립을 보이면서 말한다. 그러면 듣는 사람은, '자신의 승진에 영향을 미친다? 무슨 말일까?' 하고 귀를 기울인다.

"한 회사에서 계장의 자리가 하나 비었습니다. 중역 회의에서 A군으로 할까 B군을 승진시킬까 하고 의견이 분분했는데, 좀체 결론이 내려지지 않는 겁니다. A군과 B군은 입사 동기고, 영업 실적도 우열을 가리기 어려워서 결론을

내리지 못한 채 1시간쯤 지났을 때 전무가,

"A군도 좋지만, 그 사람은 마음가짐이 좀 좋지 않아요. 그저께 점심 시간에 그의 방으로 갔더니 그의 입가에서 뭔가 반짝 하고 빛나고 있는 겁니다. 뭔가 하고 자세히 보았더니, 클립을 펼쳐서 이쑤시개 대신 쓰고 있는 겁니다. 회사의 비품을 개인적으로 사용한다는 것은 바람직하지 못해요."

하고 말했습니다. 그러자 상무가 이어서,

"지금 클립의 이야기가 나왔는데, B군은 그 반대였습니다. 내가 복도를 걷고 있는데 B군이 앞에 걸어가고 있었습니다. 그런데 B군이 갑자기 몸을 앞으로 숙이더니 뭔가를 줍는 것이었습니다. '이보게, 뭐 좋은 거 주웠나?' 하고 내가 묻자, '아, 상무님, 클립이 떨어져 있기에 주웠습니다. 서류 끼우는 데 사용하려고 합니다' 하고 손에 쥐고 있더군요."

하고 말했습니다. 순간 그때까지 길게 끌어오던 논의가 B군으로 당장에 결론이 내려졌습니다.

그 후 B군은 그 좋은 마음가짐이 중역들의 머리에 깊이 남아 순풍에 돛을 단 듯이 승진했는가 하면, A군은 '그 사람은 마음가짐이 좋지 않다'고 여겨져 전혀 역경에서 헤어나지 못했습니다. 고작 클립 하나라면 대단한 금액도 아닐 겁니다. 그러나 그것을 소중히 하는 것과 낭비하는 것과는 큰 차이가 있을 것입니다.

이와 같이 클립 하나가 여러분의 승진에 크게 영향을 미친다면 소홀히 할 수 없을 것입니다. 그리고 전원이 종이 한 장, 볼펜 하나를 낭비하지 않으면 회사 전체로 보았을 때는 큰 경비 절감이 될 것이고, 경비가 절감되어 이익이 오르면 그만큼 여러분의 보너스도 오를 것입니다. 오늘 아침은 경비 절감에 협력해 주기 바란다는 이야기를 했습니다."

이런 식으로 말하면 듣는 사람은 자신과 이해 관계가 있기 때문에 열심히 듣는다. 이것이 바늘 끝에 지렁이를 끼우는 것과 같은 '니드(need) 화법'이다. 반대로 자신의 입장에 서만 이야기하는 것을 '시드(seed) 화법'이라고 한다.

여러분이 '아무래도 듣는 사람이 이야기를 잘 들어 주지 않는다'고 하는 경험을 한 적이 있다면, 그것은 틀림없이 시드 화법으로 이야기했기 때문일 것이다. 우선 들을 사람이 어떤 것을 듣고 싶어하는가를 리서치하고, 거기에 자신이 하고 싶은 말을 결부시켜 듣는 사람의 욕구에 맞춘 니드 화법을 전개해야 한다.

# 입을 열자마자 놀라게 한다
― 역전 홈런이야말로 기쁨, 감격도 강렬한 것이다

::듣는 사람들 중에는 여러 가지 부류가 있다.

### ① 지나가는 사람을 듣는 상대로

예를 들면 선거 가두 연설에서 길을 걸어가던 사람의 발길을 멈추게 하여 듣는 사람으로 하는 경우.

### ② 호기심으로 모인 듣는 사람

'경기는 앞으로 어떻게 될 것인가?' 라는 경제 강연회, 정치 강연회에서 게다가 무료라면 시간이 있으니 어떤 말을 하는지 잠깐 들어볼까 하는 기분으로 모인 사람들.

### ③ 강요된 듣는 사람

결혼식이나 회사 조례 등, 듣고 싶지도 않은데 억지로 들어야 하는 듣는 사람.

### ④ 자발적으로 모인 듣는 사람

무언가를 배우려는 의욕으로 수강료까지 내고 듣는

사람.

### ⑤ 협력적인 듣는 사람
이야기하는 사람에 대해 호의를 가진 듣는 사람.

### ⑥ 조직된 듣는 사람
종교 단체의 신자나 노동 조합의 조합원.

이와 같이 한마디로 듣는 사람이라고 해도 여러 가지 타입이 있다. 그 중에서도 제일 많은 것이 강요된 듣는 사람이다.

강요된 듣는 사람은 본래 이야기를 듣고 싶지 않은데 어쩔 수 없이 듣는다는 심정이다. 이런 사람에게는 입을 열자마자 들어 보고 싶다고 하는 의욕을 일으키게 하는 '쇼킹 화법'이 필요하게 된다. 아무 준비도 없이 말을 꺼낸다면 곧 외면해버리고, 그 다음에는 아무리 좋은 말을 해도 들어주지 않는다.

'소설의 귀신'이라고 일컬어진 요코미츠 토시카즈(橫光利一) 씨가 문예 강연회에서 이야기했다. 일본 키모노 차림으로 풀어헤쳐진 긴 머리를 쓸어올리면서 천장 한 모퉁이를 노려보며,

"아랑의 말에 의하면 여자라는 것은……"

하고 말을 꺼냈다.

프랑스의 철학자 아랑을 불러내고 게다가 '여자라는 것은……' 하고 스피치를 시작한 사람은 과연 소설의 귀신이다. 장내는 물을 끼얹은 듯 조용히 경청했다.

"……군고구마를 좋아한다는군요."

듣는 사람들은 순간 어안이 벙벙한 표정을 짓다가 이윽고 폭소를 터뜨렸다.

하나모리 야스지(花森安治)라는 괴짜 잡지 편집자가 있었다. 남자인데도 단발머리에 스커트를 입고 있었다. 이 편집자가 삿포로에서 이야기했을 때도 그랬다.

"조금 전에 삿포로를 돌아보면서 한 가지 발견한 것이 있습니다. 삿포로의 여성과 도쿄 긴자의 여성은 어떻게 다른가……? 이것은 맨 마지막에 이야기하겠습니다."

하고 스피치를 시작했다.

듣는 사람들은 어떻게 다른지 머릿속으로 생각하면서 이야기를 듣게 된다. 그리고 이야기 끝에,

"처음에 얘기한 '삿포로의 여성과 도쿄 긴자의 여성은 어디가 다른가'에 대해 말해보면 둘 다 똑같습니다. 센스가 있는 사람이 있는가 하면 센스가 없는 사람도 있습니다."

환성이 울리고 듣는 사람들이 들끓은 것은 말할 것도 없다.

이것은 호기심을 자극한 시작 방법인데, 스피치를 잘 하는 사람은 전부 입을 열자마자 첫 마디로 듣는 사람이 귀를 기울이도록 궁리하고 있다.

결혼식장 같은 데서도 마찬가지이다. 이런 쇼킹 화법을 사용하면 이야기는 빛난다.

"나는 아무도 모르는 중대한 사실을 이 석상에서 발표하겠습니다. 그것은 신부 카즈코(和子) 씨에게는 숨겨 둔 아이가 있다는 겁니다."

하고 시작하면 사건이 사건인 만큼 모두가 깜짝 놀란다. 특히 신랑, 신부의 친척들은 무슨 소리를 하는 것일까 하고 얼굴빛이 변할는지도 모른다. 그렇게 깜짝 발언으로 청중의 이목을 집중시킨 다음,

"실은 카즈코 씨는 아주 친절하게 사람을 잘 보살펴 주는 사람입니다. 우리 친한 친구들이 음식 재료를 가지고 와서 친구의 하숙집에서 전골을 만들어 먹은 적이 있었습니다. 그때 카즈코 씨는 제일 먼저 부엌으로 가서 에이프런을 하고 야채를 다듬는 등 전골 끓일 준비를 해가지고 오는 것이었습니다. 카즈코 씨가 부엌에서 준비하고 있는 사이에

우리들은 식탁을 둘러싸고 왁자지껄 떠들어대면서 버너에 냄비를 올려놓고 카즈코 씨가 준비해 온 재료를 냄비에 넣고 끓여 먹기 시작합니다. 그런데 모두가 정신 없이 깨끗이 먹어 치운 후 문득 깨닫고 보면 카즈코 씨는 아직 아무것도 먹지 않은 겁니다. 그래도 카즈코 씨는 조금도 화내지 않고,

'어쩔 수 없네, 우리 애들은 먹성이 좋으니 어떻게 하겠어.'

하고 생글생글 웃고 있습니다.

이런 카즈코 씨를 보고 우리들은 그녀에게 '어머니'라는 별명을 붙였습니다. 이 카즈코 어머니는 특히 후배로부터 존경받았고, 무슨 일이 있으면 '어머니, 상의하러 왔습니다.' 하고 카즈코 씨에게 달려옵니다. 그리고 지금은 카즈코 씨 자신도 '어머니'라고 불리는 것이 전혀 싫지 않은 모양인지 '어머니' 하고 부르면 기쁜 듯이 '왜?' 하고 대답합니다.

이처럼 그녀는 자신과 같은 나이 또래의 많은 아이들이 있는데, 아무쪼록 이번에는 신랑 이치로(一郞) 씨와의 사이에 귀여운 아기를 하루라도 빨리 만들어서 진짜 어머니가 되어 주시기를 모두가 바라고 있습니다. 신랑 신부 파이팅

입니다. 다시 한번 축하합니다."

처음 말을 꺼내자마자 놀라게 해놓고 다음에 구체적인 사실에 입각하여 인품을 설명하고, 놀란 사람들의 의문을 풀어간다. 처음의 쇼크가 강하면 강할수록 우레와 같은 박수가 나올 것이다.

이것이 바로 역전법이다. 당연한 것을 당연하게 이야기한다면 아무 재미도 없다. 역전 홈런이야말로 기쁨도, 감격도 강렬한 것이다.

아무쪼록 여러분은 말을 꺼낼 때 진부한 화법으로 시작하지 말기 바란다.

# '당신', '당신'으로 전개한다
— '내가', '내가' 하고 자신의 이야기밖에 하지 않는 사람은 호감을 사지 못한다

∷ 인간은 남의 일에는 관심이 없지만 자신에 대해서는 대단한 관심이 있다.

어느 날, 동료로부터 여러분이 이런 말을 들었다고 하자.

"어이 ○○, 지금 복도를 걸어오는데 인사 부장과 총무 부장이 자네에 대해 이러쿵저러쿵 하고 이야기하고 있던데...... 아무래도 이제 곧 인사 이동이 있을 거라는 소문이 있는데......."

여러분은 틀림없이 하루 종일, '도대체 무슨 얘기를 했을까. 앞으로 무슨 일이 있을까.' 하고 마음이 쓰여 일이 손에 잡히지 않을 것이다. 사람이라는 것은 정도의 차이는 있겠지만, 그만큼 자신의 일에 대해서는 관심이 있는 것이다.

때문에 스피치를 할 때도 항상 듣는 사람에게 포인트를 두고 이야기해야 한다. 대체로 인간이라는 것은 자신의 욕망을 충족하는 경우가 아니면 적극적으로 행동하지 않는 동물이다.

왜 만원 전차에 시달리면서 회사에 출근하는가? 왜 상사에게 야단 맞으면서 일을 하는가? 대답은 간단하다. 월급을 받고 싶기 때문일 것이다. 회사에 갈 때는 몇 번 깨워도 좀체 일어나지 않는데 골프에 갈 때는 아무도 깨워 주지 않는데도 새벽 4시에 일어나 가는 것은 즐겁기 때문이다. 당신은 지금 이 책을 읽고 있다. 왜? 이야기를 잘 하고 싶기 때문이다. 이와 같이 인간은 무엇을 '하고 싶다'고 생각하기 때문에 움직인다. 다시 말해서 자신의 욕망을 충족시키는 경우가 아니면 움직이지 않는다. 그리고 자신에게 이익이 된다고 생각하면 돈을 써서라도 이야기가 듣고 싶어진다.

인간의 습성이 그렇다면 이야기할 때, '이 이야기를 들으면 여러분에게 플러스가 된다', '여러분의 삶이 풍족해진다', '성장한다'고 말하면 대개의 사람이 이야기를 경청할 것이다. 즉, 이야기라는 것은, 항상 '내가', '내가' 하고 자신을 주장하기보다 '당신의', '당신의' 라는 형태로 상대의 이익을 강조해서 진행시켜 나가야 한다.

우리 '일본 말 표현법 센터'에도 여러 세일즈맨이 찾아온다. 그들은,

"실례합니다. ○○ 광고 회사에서 왔습니다."

하고 아무런 사전 준비도 하지 않고 들어오기 때문에 우리는 단번에 상대의 용건을 알아차려 버린다.

"광고를 내란 말인가요?"

하고 이쪽이 선수쳐서 말하면,

"네, 광고를 하나 부탁하고 싶어서……."

"광고라면 지금 내고 있는 것만으로도 충분합니다."

하고 거절하면,

"하지만 모처럼 왔으니까……."

하고 말한다.

이쪽에서 부탁해서 온 것도 아닌데 모처럼 왔다는 것은 자신의 입장에서 말하고 있을 뿐이다. 이런 경우,

"JR(일본 철도 회사)의 광고를 보고 찾아뵈었는데, 지금의 광고 방법으로 만족하십니까? 같은 광고 비용을 들이면서 10퍼센트, 20퍼센트 효과를 올리는 방법을 생각하신 적은 있으십니까? 혹시 도움이 되실까 해서 찾아뵈었는데, 전에

도 저희쪽에 광고를 낸 손님께서 기뻐하신 이런 사례가 있습니다."

라는 식으로 말을 꺼내면, '광고 효과를 올리는 방법이라는 것이 어떤 것일까.'라고 하면서 상대의 제안에 흥미를 갖게 된다. 또한,

"우선, 좀 앉으십시오."

하고 나오게 된다. 방문 세일즈의 경우에는 특히 '당신 회사의 이익을 올리기 위해서' 하고 이야기를 진행시켜야 한다.

스피치에서도 마찬가지로 말할 수 있다.

"당신은 남보다 빨리 성공하고 싶지 않습니까?"

"당신은 억만 장자가 되고 싶지 않습니까?"

"당신은 어떻게 하면 행복을 잡을 수 있다고 생각합니까?"

하고 항상 '당신', '당신'으로 이야기를 진행하면 사람의 마음을 끌어들이는 스피치가 된다.

일상 생활에서 사용하는 회화에서도 '내가', '내가' 하고 자신의 이야기밖에 하지 않는 사람은 호감을 사지 못하지만,

"당신 어떻게 된 거야?"

"당신은 그때 어떻게 생각했어?"

하고 항상 상대의 생각을 묻도록 하면 자연히 좋은 인간관계를 구축할 수 있게 된다. 그러므로 이야기는 항상 '당신', '당신'으로 진행하는 것을 잊지 않기 바란다.

# 4. 비유를 잘 하는 사람이 돼라
— 스피치를 잘 하는 사람의 이야기를 들으면
'비유'를 잘 사용하고 있다

∷정치인의 이야기들은 추상적이어서 무엇을 말하고 있는지 이해할 수 없기 때문에 전혀 재미가 없다. 이것은 관료가 쓴 문장을 통째로 암기하여 읽고 있을 뿐이기 때문이다. 하지만 개중에 경제 기획청 장관은 문인이라 그런지 과연 이야기도 다른 정치인과는 어딘가 다른 데가 있다.

"억수 같은 비는 겨우 그쳤지만 아직 하늘은 검은 구름으로 덮여 있다."

"구름은 상당히 걷혔지만 아직 구름 사이에서 푸른 하늘은 보이지 않는다."

"구름이 걷혀서 군데군데 푸른 하늘이 보이기 시작한 상태다."

라는 식으로 경기 흐름을 설명하는 데 알기 쉬운 비유를 사용해서 설명해 주기 때문에 국민들도 상황을 대충 파악할 수 있다.

스피치를 잘 하는 사람의 이야기를 들으면 대개 이 '비유'를 잘 사용하고 있다는 것을 깨달을 수 있을 것이다. 추상적인 사항을 이해시키기 위해서는 비유를 빠뜨릴 수 없다.

예를 들면, 1장에서 인사의 중요성을 언급했다. 그러나 인사 하라고 말하면, '상대가 하면 하겠다', '부하 직원이 하지 않는데 선배, 상사인 내가 먼저 할 필요는 없다'고 생각하는 사람이 많은데, 그것은 잘못이라는 것을 이해시키기 위해 나는 이런 비유를 들고자 한다.

"인사라는 것은 마음을 여는 것, 마음을 열고 상대에게 다가가는 것입니다. 이것이 인사를 하는 진정한 의미로, 상대가 하기 때문에 이쪽에서 하는 것이 아닙니다.

예를 들면, 여기에 컵이 있습니다. 내가 지금 여기에 물을 따릅니다. 여러분은 목이 마릅니다. 이 물을 마시고 싶다고 생각합니다. 그런데 어떻게 하면 마실 수 있을까요? 'ㅇㅇ씨 마셔 보십시오.' 라고 말하고는 맨 앞좌석에 앉아 있는 사람에게 마시게 합니다.

그래서 ○○씨는 지금 자신이 자리에서 일어나 발을 움직여 컵으로 다가갑니다. 그리고 스스로 컵을 듭니다. 이것으로 비로소 컵의 물을 마실 수 있습니다. 그런데 자신은 움직이지 않고 컵에게, '네가 이리 와!' 하고 말해도 컵은 움직이지 않습니다. 그래서는 물을 영원히 마실 수 없을 것입니다.

상대를 움직이게 하려면 상대가 움직이는 것을 기다리고 있어서는 언제까지나 진척이 안 됩니다. 상대를 변하게 하고 싶으면 자신이 변해야 합니다. 먼저 자신이 움직일 것. 부하 직원을 변하게 하고 싶으면 상사가 먼저 변해야 하고, 아이를 변하게 하고 싶으면 우선 부모가 변해야 합니다. 부하 직원이 인사를 하지 않아도 자신이 먼저 '좋은 아침' 하고 인사를 하면 자연히 상대도 인사를 하게 됩니다."

하고 비유하여 설명하면 대개의 사람이 납득하게 된다.

'계속은 힘이다' 라는 것을 이해시키려 할 때도 모두 머리로는 이해했다고 생각해도 진정 납득하지 못하고 있기 때문에 나는 화술 강의를 듣는 수강생에게 이런 비유로 설명하고 있다.

"물이라는 것에는 대단한 힘이 있습니다. 태풍이 불어와서 홍수가 나면 집도, 나무도 모두 떠내려가 버립니다. 웅장한 폭포도 그렇습니다. 우람하게 떨어지는 물 밑에 있으면 어깨도 머리도 떨어져 나갈 정도로 아프고, 비록 아무리 단단한 돌이라도 오랫동안 물이 떨어진다면 패어 버립니다. 그러나 단 한 번 한꺼번에 떨어지고 그 물이 그친다면 돌은 전혀 패이지 않을 겁니다. 낙숫물 한 방울, 한 방울의 예를 들어 봅시다. 낙숫물을 손바닥에 받아도 아무런 통증도 느끼지 않지만, 그 낙숫물이 조금도 쉬지 않고 계속 떨어지면 어떻게 되겠습니까. 손바닥은 심한 통증을 느낄 것입니다. 낙숫물이 오랜 세월 끊임없이 떨어지면 단단한 돌이 패어버립니다. 한 방울의 물이 바위도 뚫는 대단한 힘이 생기게 되는 겁니다.

이처럼 말 표현법 교실의 공부도 마찬가지입니다. 한 번이나 두 번 화술 교실에 왔다고 이야기를 잘 할 수 있게 되는 것은 아닙니다. 비록 실패해도, 당황해서 실수해도 몇 번이고 도전하여 3개월, 5개월, 1년 계속해 나간다면 처음에는 겨우 10명밖에 안 되는 사람들 앞에서도 떨고 있던 당신이 300명, 500명 사람들 앞에서도 당당하게 이야기할 수 있게 됩니다. 타고난 능력의 차는 적지만 노력의 차가 큰 겁니다. 괴로워도 쉬면 안 됩니다. 쉬지 않고 계속할 것.

계속은 힘입니다. 그러면 대단한 힘이 여러분에게 붙게 됩니다."

이 이야기를 하면 대개의 사람에게 계속의 중요성을 이해시킬 수 있다.

"아무리 능력 있는 사람이라도 회사에 입사하여 1년, 2년 만에 사장이 되는 것은 아닙니다. 10년, 20년 계속하기 때문에 지위도, 권력도, 돈도 생기게 되는 것입니다."

하고 마무리 짓게 되면 조례의 스피치 자료로도 충분하다.

이야기를 잘 하는 사람은 이런 비유를 잘 한다. 여러분도 잘 받아들여 활용해 보면 많은 도움이 되리라 생각한다.

## 개별성이 강한 말을 사용한다
— 이야기를 구체적으로 하거나 알기 쉽게 하는 데 효과적이다

::이야기를 이해하기 어려운 이유 중의 하나로, 추상적인 말을 사용하는 것을 들 수 있다. 말이라는 것은 추상도가 높으면 높을수록 보편성은 넓어지고, 내용은 막연해진다. 이에 반해 추상도가 낮으면 낮을수록 개별성이 강해져서 구체성이 강해진다.

예를 들면, '한 생물이 어떤 장소에 있었다'라고 말해도 듣는 사람은 전혀 알 수 없다고 생각한다. 이것은 두 개의 추상도가 높은 말을 사용하고 있기 때문이다. 첫 번째의 '한 생물'이라는 말. 생물 중에는 개도 있는가 하면 고양이도 있고, 사람도 있다. '어떤 장소'에 이르러서는 어디를 가리키고 있는지 전혀 알 수 없다.

이 경우, '도쿄역 신칸센 18번선 폼에 나가시마 시게오

(長島茂雄)라는 사람이 하얀 양복에 빨간 넥타이를 매고 서 있었다.'라고 말하면 단번에 그 상황이 눈앞에 떠오른다. 이것은 추상도가 낮은 개별성이 강한 구체적인 말을 사용하고 있기 때문이다.

다음과 같은 이야기는 어떨까.

"전에 비가 몹시 내리던 날, 나는 한 비탈길에서 하마터면 차에 부딪칠 뻔했다."

라는 말을 듣는다면 구체적으로 알 수 있을까? 대부분의 이야기하는 사람은 이런 표현을 통해 상대에게 이해시켰다고 생각하고 있겠지만, 이것으로는 도저히 알 수 없다. '전날에'라면 도대체 언제를 말하는 것일까, '몹시 내리던 비'라면 어느 정도일까, '한 비탈길'은 어디를 가리키는 것일까, '하마터면 부딪칠 뻔했다'고 하는 것은 어떻게 된 것인지 전혀 알 수 없다.

"지난 주 일요일, 비가 억수같이 내리던 날이었습니다. 들이치는 비 때문에 앞이 안 보이는 겁니다. 내가 지독한 비가 내린다고 생각하면서 구불구불 꼬부라져 있는 유명한 닛코의 고개를 시속 40킬로미터로 올라가고 있을 때 갑자기 은색 벤츠가 눈앞에 뛰어들었습니다. 나는 앗! 하고 소리 지르면서 급브레이크를 밟았습니다. 차는 끼익 하는 비명 소리를 내면서 정차했습니다……."

하고 말하면 그 정경을 손바닥 들여다보듯이 알 수 있다.

스피치라는 것은 이런 구체적인 개별성이 강한 말로 이야기하지 않으면 알 수 없다. 그런데 현실의 스피치를 듣고 있으면 추상적인 말을 나열하고 있는 것이다.

"대량 주문을 받았다."

"회사는 역 바로 가까이 있습니다."

"납기를 지키지 않아서 손님을 화나게 하고 말았다."

여러분은 자신이 스피치 할 때 이런 추상적인 말을 사용하고 있지 않은지 주의를 기울여야 할 것이다. 이런 말의 나열을 통한 스피치를 하여 상대를 이해시켰다고 생각하고 있는 사람이 많은 것은 정말 한심한 일이다.

추상적인 이야기를 알기 쉬운 이야기로 하기 위한 방법의 하나로 비유가 있다.

"A회사의 야마모토 과장은 큰 사람이다."

라고 말해도 그 사람이 어느 정도 큰지 모른다.

"씨름 선수 아무개처럼 큰 사람이다."

라고 말하면 그 크기가 이미지화 된다.

"수마트라의 모기는 정말 크다."

라고 말해도 그 크기는 모른다.

"잠자리 만큼 큰놈이 윙윙 소리내며 날아와서 주사 바늘 같은 침으로 마구 찌른다."

라고 말하면 얼마나 큰가를 알 수 있을 것이다.

이와 같이 비유라는 것은 이야기를 구체적으로 하거나 알기 쉽게 하는 데 효과적이고, 비유에 의해서 이야기가 활기를 띠게 된다.

다음에 비유의 종류와 사용법을 들어보자.

### ① 직유

○○와 같다고 하는 사용법을 말한다.

산더미 같은 빛, 철사처럼 야위었다, 대나무를 쪼갠 것 같은 성격, 소처럼 동작이 둔하다 등.

### ② 은유

형태가 없는 것을 물건으로 비유한다.

이야기를 꾸민다, 세월이 흐른다, 경기가 바닥이 났다, 논의가 비등하다 등.

### ③ 화유

사람을 비유해서 표현한 것.

하늘이 진노한다, 산이 손짓하고 바다가 부른다 등.

### ④성유

의성어, 의태어.

심장이 두근두근 방망이 치듯이 한다, 뺨이 실룩실룩 경련을 일으킨다, 쾅 하고 소리가 났다 등.

이와 같은 비유를 사용하여 구체적으로 표현하면 훨씬 알기 쉬운 이야기가 될 것임에 틀림없다.

# 6 불완전 예고법을 사용한다
— **호기심을 자극하여 질문하고 듣는 사람에게 생각하게 한다**

∷ 듣는 사람에게 자신의 이야기를 잘 듣게 하기 위해서는 질문형이나 시각물을 통해 불완전 예고법을 사용하는 것이 극히 효과적이다.

스피치라는 것은 이야기하는 사람만이 일방적으로 소리 내서 이야기를 진행하고 있는 것처럼 보이지만 실은 그렇지 않다. 듣는 사람은 소리는 내지 않지만 마음속으로는 '과연 옳은 말이다', '아니, 그게 아냐'라는 식으로 여러 가지 반응을 보이고 있다.

```
        13
   23        83
```

"여러분, 여기 쓰여 있는 숫자(위의 도표 참조)가 무엇을 의미하는지 아십니까? 만약 모르면 댁의 자녀나 이웃 아이들이, '의외로 머리가 나쁘네' 하고 업신여길 수도 있을 겁니다.

실은 어제의 일입니다. 내가 집에서 일을 하고 있는데 이웃의 초등 2학년이 되는 아이가 놀러왔습니다. 아이는 잠시 혼자서 놀더니 이윽고 내게 와서,

'아저씨, 이 숫자 뭔지 아세요?'

하고 이 종이를 보였습니다.

'글쎄다, 뭘까. 오늘은 13일도 아니고, 네 나이는 아직 13이 아니고, 23은 누나 나이인가?'

'아냐, 누나 나이가 아니에요. 누나 얘기만 하고 싶은 모양이죠?'

'음, 모르겠는걸.'

'그럼 항복하면 가르쳐 줄게요, 항복할래요?'

'그래, 항복이다, 가르쳐 줘.'

'이건 말이죠, 토산(13의 10을 일어에서 토라 하고 3을 산이라고 한다. 즉 아버지를 의미한다), 니산(23의 2를 니, 3을 산이라 하니, 니산이다. 즉 형이라는 의미다), 바산(83에서 8을 바, 3을 산이라 하니, 바산이다. 즉 할머니라는 의미다)이라는 거예요."

'뭐야, 이 녀석 아저씨를 놀렸겠다!'

이렇게 말하고 둘이서 웃었습니다.

그런데 이야기가 좀 바뀌는데, 예전에 나는 사람들 앞에서 이야기할 때 이야기 재료가 없어서 애먹었습니다. 그런데 말 표현법 교실에서 이야기 재료는 관찰력만 날카롭게 하면 주위에 얼마든지 있다는 것을 배웠습니다. 틀림없는 말입니다. 예전의 나라면 이웃 아이와 주고받은 앞의 이야기도 스피치의 화제로 할 수 없었다고 생각합니다. 내가 사소한 데까지 관찰력을 작용시킴으로써 오늘의 스피치 재료를 구할 수 있었던 것입니다. 재료라는 것은 마음만 있으면 주위에서 얼마든지 모을 수 있다는 것을 통감한 것입니다."

이것은 우리 화술 교실의 수강생의 이야기인데, 훌륭한 마무리였다. 우선 종이에 쓴 것을 사용하여 듣는 사람의 눈을 사로잡아 어떤 의미 있는 듯한 숫자를 보여 호기심을 자극하고, 질문을 통해 듣는 사람에게 생각하게 하고, 게다가 곧 대답을 내놓지 않고 흥미를 자아낸 채로 이끌고 가서 맨 마지막에 자신이 말하고 싶은 주제를 끌어다 과연 하고 생각하게 한다. 이것이 '불완전 예고법' 이라는 것이다.

# 기승전결법을 사용한다

— 맨 마지막에 자신이 제일 말하고 싶은 것을 말하게 되는 것이다

∷ 스피치의 마무리 방법의 기본은,

① <u>우선 주제를 기술하고</u>
② <u>그것을 이해시키는 뒷받침의 화제를 전개하고</u>
③ <u>마지막으로 다시 한 번 주제를 되풀이하여 마무리짓는다.</u>

이 기본을 정확히 익힘으로써 변화를 생각해 본다. 그것이 기승전결이라는 고도의 마무리 짓는 방법이다.

| | |
|---|---|
| 교토 시조(四條)는 실 가게의 딸 | (기:起) |
| 여동생 18, 언니 20 | (승:承) |
| 제국 다이묘(무가)는 칼로 죽이고 | (전:轉) |
| 실 가게 딸은 눈으로 죽인다 | (결:結) |

이것은 옛날부터 전해 내려오는 기승전결의 본보기다. 기(起)는 시작, 승(承)은 그 시작을 이어받은 화제, 전(轉)은 앞의 화제와는 전혀 관계 없는 화제로 변한다. 결(結)은 기와 전을 관련시켜서 마무리 짓는다고 하는 마무리 방법이다.

다시 한번 전항의 숫자 이야기를 보도록 하자. 이 이야기가 뛰어나다는 것은 시작의 연출을 비롯하여 매듭 짓는 룰을 전부 응용하고 있다는 것이다. 기승전결에도 꼭 맞아 적합하다. 우선.

'이 숫자의 의미를 아세요?…… 모르면 무시당해요.'

이 부분은 **기**, 즉 시작이다. 그리고,

'실은 어제의 일이었습니다…… 뭐야, 이 녀석 아저씨를 놀렸겠다 하고 둘이서 웃었습니다.'

여기까지가 **승**이다. 앞의 시작의 계속이다. 이번에는 지금까지의 이야기와는 전혀 관계 없는 이야기로 들어가자. 이 전환은 '그런데'라는 말을 사용하면 자연스럽게 나간다.

'그런데 이야기가 좀 바뀌는데…… 재료는 주위에 있다는 것을 교실에서 배웠습니다.'

이 부분이 **전**(轉)이다. 그리고 드디어 '**결**(結)'.

'틀림없는 말입니다. ……그럴 마음만 있으면 재료는 주

위에 얼마든지 있다는 것을 통감한 것입니다.'

맨 마지막에 자신이 제일 말하고 싶은 것을 말하게 되는 것이다.

이 사람이 제일 말하고 싶은 것, 다시 말해서 주제는 '이야기 재료는 주위에 얼마든지 있다' 라는 것이다. 기본적인 룰로써 말하면 이 주제는 이야기의 제일 처음에 가져간다. '이야기의 재료는 주위에 얼마든지 있다는 것을 통감했습니다. 실은 어제의 일이었습니다.......'

라는 식으로 진행하는 것이다. 그런데 기승전결이 되면 주제라는 것은 언뜻 보기에 아무런 관계도 없는 이야기에서 시작해서 도중에 방향을 바꿔간다. 그러나 이 방법은 청사진 없이 하면 대단히 위험하다. 기승(起承)까지는 문제없이 이야기가 진행되지만 전(轉)이 잘 안 된다. 전이 잘 안 되면 결(結)이 당치 않은 곳으로 가버리거나 스스로 자신이 무엇을 말하고 있는지 전혀 모르게 되는 대실패를 범하게 될 수도 있기 때문이다. 선명함 속에는 무서운 위험도 포함되어 있다. 모르핀은 사용법만 잘 알고 있으면 대단히 도움이 된다. 그러나 사용법을 모르고 사용하면 대단한 해를 초래하는 것과 같은 것이다.

진부한, 시시한 이야기가 많은 가운데 여러분이 약간 연구하여 이런 고도의 마무리법으로 이야기를 전개하면, 저 사람의 말은 알기 쉽다, 흥미 있다, 감명을 받았다 등의 최고의 찬사를 보내 온다. 우레와 같은 박수 갈채가 터져 나온다. 이것은 결코 금전과 바꿀 수 없는 기쁨이다. 여러분도 부디 그런 기쁨을 맛보기 바란다.

### 스피치 체크리스트

스피치의 재능이라는 것은 타고나는 것이 아니다. 룰을 배우고 그에 따라서 연습하면 누구나 향상된다.

남의 이야기를 듣고 잘 분석하여 좋은 점은 자신의 이야기에 받아들이고, 나쁜 표현 버릇은 없는가를 반성해 본다. 그리고 스피치를 하게 되면 체크리스트를 사용하여 채점해 보자.

1부터 3까지는 스스로 채점하고, 4부터 15까지는 다른 사람에게 채점해 달라고 하면 좋을 것이다.

### 1. 의욕

- a 항상 도망치고 싶어하고 있다
- b 순번이니까 어쩔 수 없다고 생각하고 있다
- c 적극적으로 전력을 다했다

### 2. 나갈 때까지의 기분

- a 아무것도 기억하고 있지 않다
- b 불안했다
- c 자신이 있었다

3. **사람들 앞에 서서**

   ☐ a 대단히 흥분해 있었다

   ☐ b 다소 긴장하고 있었다

   ☐ c 매우 침착했다

4. **주제와 화제**

   ☐ a 룰을 전혀 응용하지 않았다

   ☐ b 주제는 나왔지만 화제가 추상적이었다
       (또는 화제는 좋았지만 주제가 없다)

   ☐ c 룰대로 주제와 화제를 잘 알았다

5. **이해시키는 법**

   ☐ a 지리멸렬로 무엇을 말하고 있는지 모른다

   ☐ b 말하고 싶은 것은 그런 대로 알았다

   ☐ c 말하고 싶은 것을 아주 잘 알았다

6. **시작과 맺기**

   ☐ a 구실이나 변명을 하고 있었다

   ☐ b 특별한 연구가 없었나

☐c 매우 잘 연구하였기 때문에 마음이 끌렸다

### 7. 인사하는 법

☐a 단정치 못했다
☐b 머리만 지나치게 숙이거나 턱이 나와 있었다
☐c 절도가 있고 훌륭했다

### 8. 태도

☐a 손을 뒷짐지고 거만하게 보이거나 반대로 비굴하게 보였다
☐b 처음부터 끝까지 몸이 움직이고 있어서 침착하지 못했다
☐c 얼굴에 웃음을 띠고, 당당해서 훌륭했다

### 9. 눈의 사용법

☐a 위나 아래를 향한 채 듣는 사람을 보지 않았다
☐b 한 군데만 응시한 채 움직이지 않았다
☐c 듣는 사람을 여지없이 둘러보고 친밀감이 있었다

### 10. 목소리

□ a 작고 말끝이 흐려 있었다

□ b 보통이다

□ c 밝고 잘 트여 있었다

### 11. 말

□ a 발음이 분명하지 않았다

□ b 에, 저 등의 쓸데없는 말이 많았다

□ c 감칠맛이 좋고 분명해서 듣기 쉬웠다

### 12. 스피드

□ a 너무 빠르다, 또는 너무 늦다

□ b 한결 같다

□ c 말 간격이 적당히 끊어져 있어서 듣기 쉬웠다

### 13. 열의

□ a 아무래도 상관없다는 듯, 될 대로 되라는 이야기 태도였다

□ b 그다지 열의는 느낄 수 없었다

□ c 열의와 박력을 느낄 수 있었다

### 14. 설득력

- a 공명할 수 없었다
- b 그럴까 하고 생각할 정도
- c 강하게 공명하여 감동했다

### 15. 끌어들이는 힘

- a 시시해서 시간이 길게 느껴졌다
- b 특히 싫증나지도 않았고, 끌리지도 않았다
- c 시간이 가는 줄 모르고 이야기에 이끌렸다

---

**스피치 채점표**

각 항목을 채점표에 기입하여 선으로 이어간다. 테두리가 크면 클수록 좋고 안쪽으로 들어 있는 부분은 결점을 표시한다.

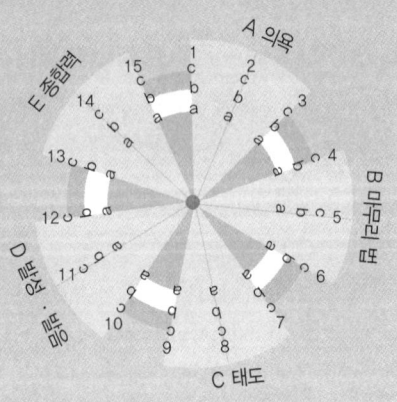

:: **맺음말**

　W씨는 유명한 기업의 직원이다. 그는 일은 매우 잘 하지만 말은 별로 능숙하지 못했다. 그 때문에 사람들로부터 인정받는 일이 없었다. '말이 서투르면 손해본다'고 깨달은 W씨는 분발하여 화술 교실로 공부하러 왔다. 초급 - 중급, 전문 학과 과정 코스를 공부해 나가는 사이에 W씨는 자신감이 생기고 이야기하는 것이 즐거워졌다고 한다.

　어느 날, 회사에서 액정 관련 프레젠테이션 콩쿠르가 실시되었을 때 한자리에 나란히 앉아 있는 중역 앞에서 그는 당당하게 발표했다. 끝나고 나서 한 중역에게,

　"오늘의 발표는 정말 훌륭했네.'

　하고 칭찬 받았다.

　그로부터 1개월 후에는 그것을 인정받아 '공적상'과 15만 엔의 상금까지 받았다. 앞으로의 W씨의 미래는 탄탄하고 밝게 빛날 것임에 틀림없다.

　매년 3월 25일이 되면 나의 집으로 꼭 꽃이 배달된다. 나가노 현(長野縣) 이이다 시(飯田市)에 사는 후지이 토미코 (藤

井とみ子) 씨로부터다. 후지이 씨는 적극성이 없어서 학부형회의 임원을 억지로 맡아 애먹고 있었다. 떠맡은 이상 어떻게든 해나가야 한다고 생각한 후지이 씨는, '커뮤니케이션 & 휴먼 릴레이션 세미나'에 참가하여 그 후 몇 번 우리 화술 교실이 주최하는 여러 가지 세미나에 참가했다.

열의는 반드시 결실을 맺는다. 지금 후지이 씨는 학부형회의 회합에서 당당하게 스피치를 할 수 있게 되었다. 겁을 먹고 있던 것이 거짓말처럼 자신 만만하게 이야기할 수 있게 되어 주위 사람들을 놀라게 했다. 그뿐만 아니라 세미나에서 배운 '인사를 잘 하라'는 가르침을 적극적으로 실행한 덕택에 인간관계가 갈수록 넓어지고 있다.

그리고 한 회사의 경영자는 후지이 씨의 밝은 태도와 적극성을 사서 미국 여행에 초대했다. 아이를 데리고, 게다가 두 번에 걸쳐서 말이다. 소극적이고 적극성이 부족했던 후지이 씨의 인생이 이처럼 일변했다. 그녀가 말하기를, '나의 인생을 바꾸게 해준 에가와 선생과 만난 날이 3월 25일이었다. 나로서는 잊을 수 없는 기념일이기 때문에 꽃을 보낸다.'라고 했다. 이런 예를 일일이 말하자면 끝이 없다.

T. K라는 여성도 그렇다. 그녀는 부부의 인간관계가 원만하지 못해 남편과 별거하고 있었다. 이혼 직전의 상태였

는데 친지의 권유로 화술 교실에 나왔다. 스피치를 공부하고 있는 사이에 그녀는 자신에게도 배려하는 마음과 말이 부족했었다는 것을 반성하고 있었다. 그래서 슈퍼를 경영하는 남편에게도 참가하게 했더니 그 후로 두 사람의 관계가 달라졌다. 그리고 결국 원래의 화목한 가정으로 돌아왔다. 훗날 '에가와 선생을 만나지 못했다면 어떤 생활이 되어 있을까 하고 생각하면 지금의 행복에 감사하지 않을 수 없다.' 라는 편지를 보내왔다. 이런 감사의 인사장은 기쁘게도 화술 교실 수료자로부터 매일 받는다.

사람은 이야기하지 않고서는 생활을 할 수 없다. 말은 인간이 행복한 생활을 보내기 위한 필수 도구다. 그 도구의 사용을 잘 하느냐 못 하느냐에 따라 그 사람의 일생이 바뀐다. 회사에서 구조 조정 대상이 되는 것도, 가정에서 부부 관계가 원만하지 못한 것도 대화의 룰을 모르기 때문이다.

조금만 시간을 들여서 공부하면 자신에게 얼마나 플러스가 될지 모르는데, 그것을 깨닫지 못하는 사람이 많다는 것은 참으로 유감스러운 일이다.

많은 분들의 관심과 참여와 성원 덕택에 '에가와 히로시의 말 표현법, 생활 태도 교실'이 47년 간이나 계속되고, 졸업생은 국회의원, 기업체 사장, 비즈니스맨, 직장 여성,

학생, 가정 주부를 비롯하여 30만 명을 넘고 있다. 이것은 나의 화술 교실의 내용이 진짜이며 효과가 있기 때문이라고 자부하고 있다.

말 표현법 공부라는 것은 실학이기 때문에 실생활에 도움이 되지 않으면 아무 소용도 없다. 그리고 책을 읽기만 하는 것이 아니라 될 수 있으면 실제 교실에 참가해 보기 바란다. 반드시 '참가하기 다행'이라고 생각하게 될 것이다.

또 '에가와 히로시의 말 표현법, 생활 태도 교실', '커뮤니케이션 & 휴먼 릴레이션 세미나'에 관심이 있는 분은 아래 홈페이지로 문의하여 주기를 바란다. 관련 자료를 무료로 보내주고 있다.

*http://www.ohanshi.co.jp/*

— 에가와 히로시

**지은이 에가와 히로시**(江川ひろし)
일본 말 표현법 센터 소장. 1929년생. 도쿄 태생.
1953년 일본 말 표현법 센터를 설립, 47년 간 말 표현법의
이론과 실천을 교육하고 있다. 도쿄 도내 및 요코하마에서
상시 '말 표현법, 생활 태도 교실'을 개최하는 것 외에
'초능력과 자기 개혁 세미나' 및 전국 주요 도시에서는
'커뮤니케이션 & 휴먼 릴레이션 세미나'를 주최하고 있다.
매월 수강자 수는 약 1,000명에 이르며 졸업자는 국회의원,
현회 의원, 시회 의원, 대기업, 중소기업의 사장에서 일반 샐러리맨,
주부, 학생에 이르기까지 수만 명에 이른다. 또 회사나 단체를
대상으로 출장 세미나, 강연 활동도 정력적으로 행하고 있다.
이와 같은 활약은 전부터 매스컴에 셀 수 없을 정도로 많이 소개되었고,
코단샤 발행 《비즈니스 전략 전술 강좌》의 저자 소개에서는
'말 표현법의 모든 선생들 중에서도 교조적인 존재'라고 칭찬하고 있다.
저서에는 《사람을 감동시키는 말 표현법》, 《말 표현법의 선생이
감동한 말 표현법》, 《말 표현이 서투른 사람은 틀림없이
고칠 수 있다!》 등이 있으며, 누계 발행 부수는 150만 부를 넘었고,
내용의 일부는 고교 교과서에도 채용되고 있다.

2009년 2월 10일 1판 1쇄 인쇄
2009년 2월 10일 1판 1쇄 펴냄

지은이 | 에가와 히로시
옮긴이 | 홍영의
펴낸이 | 하중해

펴낸곳 | 동해출판
등   록 | 제302-2006-48호
주   소 | 경기도 고양시 일산동구 장항1동 621-32호
전   화 | 031-906-3426
팩   스 | 031-906-3427
e-mail | dhbooks96@hanmail.net

ISBN 978-89-7080-186-5

\* 잘못된 책은 구입하신 서점에서 바꾸어 드립니다.